4·16구술증언록 단원고 2학년 9반 제3권

그날을 말하다

혜선 엄마 성시경

4·16구술증언록 단원고 2학년 9반 제3권

그날을 말하다

혜선 엄마 성시경

4·16기억저장소 기획 편집
(사) 4·16세월호참사가족협의회 지원 협조

일러두기

1. 음절로 식별 가능한 소리를 들리는 대로 전사하는 것을 원칙으로 한다.

2. 의미를 파악하기 위해 추가 설명이 필요할 경우 [ ]로 표시한다.

3. 몸짓, 어조 등 비언어적 행위는 ( )로 표시한다.

4. 구술자가 말을 잇지 못해 말줄임표를 사용하는 경우 ……, …로 길고 짧음을 표시한다.

5. 비공개 영역은 〈비공개〉로 표시한다.

6. 비공개해야 하는 희생자 형제자매의 이름은 ○○, △△ 등의 도형기호로, 생존자의 이름은 A, B, C 등 알파벳 대문자로 표시한다.

7. 비공개해야 하는 제3자는 직분이나 소속, 성만 공개하고, 이름은 ××로 표시한다. 비공개해야 하는 숫자는 자릿수에 상관없이 □로 표시하며, 지명은 □□로 표시한다.

책머리에

4·16기억저장소에서는 세월호 참사 5주기를 맞아 구술증언 수집 사업의 결과물 일부를 100권의 책으로 발간하게 되었습니다. 이 사업은 2015년 6월부터 다양한 학문 분야 구술 연구자들의 자발적인 참여로 진행되어 왔으며, 세월호 참사를 좀 더 정확하고 다각적으로 기록하고 기억하고자 하는 노력의 일환으로 수행되었습니다.

2014년 참사 발생 이후, 참사 피해자들의 목격담과 경험은 안타깝게도 공식적인 국가기관과 언론의 기록 속에서 철저히 소외되거나 왜곡되었습니다. 그것은 세월호 참사가 우리에게 안긴 죽음과 고통의 충격만큼이나 우리 사회의 끔찍한 비극이었습니다. 따라서 사업을 진행하면서 세월호 참사 희생자 가족, 생존자, 생존자 가족, 어민, 잠수사, 활동가, 기자 등등, 참사의 초기 과정을 직접 경험한 분들의 증언을 우선적으로 수집했습니다. 구술자는 이 사업의 취지와 방식에 개인적으로 동의한 분 중에서 선정했으며, 참여 과정에 어떠한 금전적 보상이나 이익이 제공되지 않았습니다. 또한 구술증언 수집 사업을 진행하는 동안, 면담자는 연구자이자 참사를 겪은 공동체 시민으로서 최대한 윤리적이고자 노력했습니다.

구술자마다 매회 약 2시간씩 3회를 원칙으로 음성 녹취와 영상 촬영을 하는 방식으로 진행되었고, 증언의 일관성을 확보하기 위해 면담자는 큰 틀에서 공통 질문지를 사용했습니다. 공통 질문지의 내용은 참사와 구술자 간의 관계성에 따라 차이가 있지만, 유가족 구술의 경우 1회차 '참사 이전의 삶, 팽목항과 진도에서의 경험, 자녀에 대한 기억'을, 2회차 '참사 이후 투쟁과 공동체 활동 경험'을, 3회차 '참사 이후 개인 및 가족이 경험한 삶의 변화와 깨달음, 자녀의 현재적 의미'를 중심으로 했습니다. 이처럼 증언 내용은 참사 이전에서 시작해 참사 발생 당시의 경험과 이후의 변화 과정까지 폭넓게 수집했고, 면담자는 구술 채록 과정에서 구술자의 발화를 최대한 존중하고자 했으며, 무엇보다 각자의 특수한 경험과 다른 시각을 충실히 반영하고자 했습니다.

이 구술증언록의 발간을 위해, 채록된 음성 자료는 문서로 변환해 구술자와 함께 검토했고, 현재 시점에서 공개할 수 있는 영역과 할 수 없는 영역으로 구별했습니다. 따라서 책에 실린 내용은 모두 구술자로부터 공개를 허락받은 부분입니다. 비공개 영역은 추후 구술자의 동의를 받아 적절한 절차를 거쳐 추가로 공개될 수 있으리라 생각합니다.

이 구술증언록 100권에는 그동안 우리 사회에 왜곡되어 알려지거나 잘 알려지지 않았던, 참사 발생 직후 팽목항과 진도 혹은 바다에서의 초기 상황에 관한 중요한 증언이 포함되어 있습니다. 또한, 자녀를 잃는 잔인하고 애통한 상황을 겪으면서도 그 누구보다 강인한 정치적 주체로 성장할 수밖에 없었던 유가족의 마음과 경험을 구체적으로, 그리고 여러 각도에서 살펴볼 수 있습니다. 그외에도, 이 구술증언록은 2014년을 전후한 한국 사회의 여러 측면을 드러내는 귀중한 자료가 되리라고 생각합니다. 무엇보다 국내외의 많은 분이 이 책을 읽어, 장차 세월호 참사의 진상 규명과 역사 서술에 기여할 수 있기를 바랍니다.

구술증언 수집 사업이 진행되고, 책으로 출간되기까지 많은 분의 도움과 지지가 있었습니다. 이 지면을 빌려 부족하나마 감사의 말씀을 전하고자 합니다.

먼저 (사)4·16세월호참사가족협의회와 4·16기억저장소에 감사를 드립니다. 이분들의 신뢰와 적극적인 협조가 없었다면, 이 사업은 처음부터 시작할 수조차 없었을 것입니다. 또한 어려운 정치 환경 속에서도 사업의 취지에 공감해 재정 지원을 결정해 준 아름다운가게와 역사문제연구소에 감사드립니다. 두 단체 덕분에, 이 사업을 4년 동안 계속해 올 수 있었습니다. 그리고 구술증언록 100권의 발간에 동의하고, 바쁜 일정에도 출판 실무를 기꺼이 맡아주신 한울엠플러스(주)에도 감사를 드립니다. 이 외에도 많은 개인과 단체가 직간접적으로 많은 도움을 주시고 격려해 주셨습니다. 여기에 모두 밝히지 못하는 것을 죄송하게 생각합니다.

　말할 필요도 없이, 가장 크고 또 가슴 아픈 감사는 구술자 한 분한 분께 드리고자 합니다. 이 책이 발간될 수 있었던 것은, 무엇보다 용기를 내어 아픔과 고통의 기억을 다시 떠올리고 장시간 진심으로 이야기를 해주신 구술자가 있었기 때문입니다. 오랜 시간 이야기를 나누며 함께 공감하기도 했지만, 그 아픔과 고통을 어떻게 가늠할 수 있을까 싶습니다. 더 큰 도움이 되지 못함을 안타까워하며, 이 구술증언록 100권의 발간이 피해자분들에게 조금이라도 위로가 될 수 있기를 기원합니다.

2019년 4월

4·16기억저장소 구술팀 책임자
서울대학교 인류학과 교수 이현정

차례

■ 1회차 ■

■ 3회차 ■

혜선 엄마 성시경

구술자 성시경은 단원고 2학년 9반 고 김혜선의 엄마다. 매사에 적극적이고 활발한 성격인 혜선이는 엄마에게 살가운 친구 같은 딸이었다. 조선공이 꿈이었던 혜선이는 수학여행에 타고 갈 배를 이곳저곳 살펴볼 생각에 누구보다도 수학여행을 기대한 아이였다. 여전히 혜선이와 함께 숨 쉬고 있다고 느끼는 엄마는 엄마공방에 참여하고 4·16기억저장소 가족운영위원으로 활동하면서 오늘도 진상 규명과 안전 사회 건설을 위해 노력하고 있다.

성시경의 구술 면담은 2016년 12월 13일, 22일, 30일, 3회에 걸쳐 총 5시간 40분 동안 진행되었다. 면담자는 김태우, 촬영자는 김솔이었다.

구술자 본인의 프라이버시나 제3자의 프라이버시를 보호해야 할 부분을 제외하고는 구술자의 발화를 있는 그대로 전사했다.

1회차

2016년 12월 13일

1
시작 인사말

면담자　　본 구술증언은 4·16 사건에 대한 참여자들의 경험과 기억을 기록으로 남김으로써 이후 진상 규명 및 역사 기술에 기여하고자 합니다. 지금부터 성시경 씨의 증언을 시작하겠습니다. 오늘은 2016년 12월 13일이며, 장소는 안산시 단원구 정부합동분향소입니다. 면담자는 김태우이며, 촬영자는 김솔입니다.

2
4·16 이전의 일상

면담자　　첫 질문은 4·16 이전의 일상에 대해 여쭤보는 건데요. 안산에는 언제부터 사셨습니까?

혜선 엄마　　원래 집은 구미였는데요, 애 아빠랑 결혼하면서 군포에, 애 아빠 직장이 군포에 있어 가지고 거기서 1년 정도 살다가 그 이후부터는 계속 안산에 살았어요.

면담자　　그러면 구미에 계실 때는 아버님을 몰랐네요.

혜선 엄마　　예, 몰랐어요. 같은 구미인데 모르고 지내다가 중매로 만났어요.

면담자　　결혼은 그럼 언제 하신 건가요?

혜선 엄마   28살에. 애기 아빠는 30살에.

면담자   그때가 몇 년도였습니까?

혜선 엄마   그때가… [19]92년도에 결혼했어요.

면담자   그러면 결혼하신 92년에 군포로 오셨고요.

혜선 엄마   한 93년도에 안산으로 왔어요.

면담자   그때는 안산이 거의 신도시로 만들어질 때죠?

혜선 엄마   그때는 고잔 신도시에 이제 아파트가 하나둘 들어설 때…, 미분양 나던 때였어요. 아, 그 [신도시 만들어지기] 전인 것 같아요. 훨씬 전인 것 같아요. 20년 넘었으니까 안산 도시는 있었고, 고잔 신도시는 없을 때였던 것 같아요.

면담자   그럼 아버님은 계속해서 군포에서 직장을 다니셨나요?

혜선 엄마   예, 직장은 그쪽에 있고요. 애기 아빠 회사가 군포랑 인천 두 군데에 있었어요. 그래 가지고 이제 인천도 왔다 갔다 하고, 여기[도] 왔다 갔다 하다 보니까 집이 괜찮은 게 있더래요. "안산에 지나가다 보니까 분양을 하는데 가자"고 그러더라고. 그때는 뭐 어차피 타향이니까, 고향을 떠나왔으니까 "그래 가자" 해서 왔는데 이렇게 된 거죠.

면담자   그래서 안산으로 오신 게 93년이고, 여기서 계속 쭉 살고 계시는 겁니까?

혜선 엄마   아니요, 그때는 [안산시 상록구] 건건동. 그때는 반월이라 그래서, 지금은 건건동인데 거기에서 혜선이가 태어나고 한 1년 정도, 3살까지 거기서 살았어요. 혜선이가 3살 때까지 거기서 살다가 그 이후에 지금 사는 동네로 왔어요. 단원구 와동이죠.

면담자   그럼 그게 95년쯤인가요?

혜선 엄마   혜선이가 3살이었으니까, 혜선이가 97년생이거든요. 그럼 한 2000년도 돼서 온 것 같아요.

면담자   그럼 그때 단원구에서도 아파트들이 한창 새로 분양하고 있던 겁니까?

혜선 엄마   그때는 고잔 신도시가 미분양 나고 그럴 때였던 것 같아요.

면담자   그때 새 아파트로 가셨나요?

혜선 엄마   아니요, 저희는 아니에요. 그때는 형편이 어려웠어요. 살던 집도 경매로 넘어가고, 애기 아빠 회사가 부도가 나면서…. 애기 아빠가 사업을 했었는데…, 혜선이가 어릴 때에는 이제 직장을 다니다가 사업을 했어요. 근데 회사가 부도가 나서….

면담자   그때 IMF가 터졌죠.

혜선 엄마   예, IMF 때. 혜선이가 태어나던 해가 IMF 저기잖아요. 그때부터 굉장히 어려워 가지고 이제 살던 집도 경매로 넘어가고…, 이제 진짜 월세방으로 온 거죠. 지금 사는 동네로 월세 얻어가지고 거기서 다시 시작을 하게 되는 거죠, 그때부터.

면담자 　　지금도 아버지께서는 군포에서 일하시나요?

혜선 엄마 　　아니요. 4·16 참사 이전에는 직장을 다녔고요, 참사 [가] 일어나고 나서는 1년 정도 더 다니다가 그만뒀어요, "도저히 못 다니겠다" 그래서. 주위에서 말들도 많고 자꾸 이렇게 안 좋은 소리가 들려오니까 "도저히 못 다니겠다" 그러더라고요. 지금은 쉬고 있어요.

면담자 　　안 좋은 소리라는 건 어떤 소리를 말씀하시는 건가요?

혜선 엄마 　　뭐, 참사가 일어나고도 두 달 휴직했다가 그 뒤에 1년을 다녔거든요. [그런데] 보상을 많이 탔네, 뭐 "보상을 많이 받았는데 뭐 하러 회사를 다니냐" [뭐 그런 거죠]. 조금 웃어도 웃는다고 옆에서 막 그러고 그러니까 그런 말들이 너무 아팠던 거죠, 아이 아빠도. 그래서 "도저히 못 다니겠다"고 [해서] "그럼 좀 쉬어라" 그래서 쉰 지가 지금 1년이 넘은 것 같아요.

면담자 　　꽤 큰 직장이었나 봐요?

혜선 엄마 　　아뇨. 그렇게 큰 직장은 아니었는데, 아이 아빠가 책임지고 하는 자리여도 밑에 직원들은 많진 않은데, 거래처들이 많잖아요. 술자리에서 만나도 뭐 애기 아빠가 유가족인 줄 아는데도 "세월호 유가족들이 보상금을 얼마를 탔다더라, 그걸로 외제 차를 샀다더라", 주위에서 주워들은 애기들이 많잖아요. 그런 애기들을 애기 아빠[가] 있는 데서도 스스럼없이 하니까 그런 말들이 듣기에도 그렇고 너무 아프다는 거죠, 그렇게 폄하하는 게. 그래서 "도저히 못 다니겠다"고…….

면담자 　　어머님께서는 4·16 이전에 직장을 다니셨습니까?

혜선 엄마 　　저는 직장생활을 계속했었어요. 혜선이가 4살 때부터 계속 직장생활을 했거든요. [그런데] 참사가 일어나고, 일어났을 때는 그냥 혜선이를 [진도에 가서] 데리고 오면 되는 줄 알았으니까, '며칠 그냥 휴가 내고 갔다 와야겠다'는 마음으로 내려갔어요, 진도는. 갔다 오고 나서, 혜선이를 찾아서 데려오고, 근데 회사에서는 "한 3개월 쉬었다 나와라" 그러는데 그 당시에는 '진짜 그렇게 나갈 수 있을까?' 이런 마음이 있었지만 일단 대답은 "알겠습니다" 하고 휴직계를 냈어요. 근데 시간이 가면 갈수록 조금씩 밝혀지는 것도 있고, 더 억울하고 더 분노스럽고 그래서 도저히 회사를 그냥 다닐 수가 없겠더라고요, 내가 뭔가를 더 해야 되겠고, 혜선이를 위해서. 그래서 그냥 사표를 냈습니다. 지금은 안 다니고 있어요.

면담자 　　그러면 4·16 이전에는 두 분이 맞벌이 하신 거네요?

혜선 엄마 　　예, 둘이 맞벌이 했었어요. 그때는 아이들이 고생을 많이 했죠. 저희들이 맞벌이 하느라고 진짜 고생 많이 했어요.

면담자 　　혜선이 형제는 어떻게 됩니까?

혜선 엄마 　　언니가 하나 있어요. 저희가 직장을 다니면 굉장히 일찍 나갔어요. 6시 반이면 집에서 나왔거든요. 그니까 저희가 직장생활을, 제가 한 두어 군데 다녔는데, 처음에 한 10년 정도는 애기 아빠가 이제 저를 회사로 데려다주고 와서 또 애들 밥을 먹여서 보내고 이랬는데, 나중에는 둘이 같이 바쁘게 된 거예요. 그래 가지고 혜선이가 4살 때는 그땐 애기 아빠도 같이 바빴어요. 같이 바빠서 둘다 6시 반에 저를 데려다주고 회사를 가야 되니까, 그래서 같이 6시 반에 출근을 했는데, 그 당시에는 큰애가 7살, 혜선이가 4살이었어요. 둘을 6시 반에 집에 두고 갈 수가 없어서 유치원에 부탁, 부탁을 해서 6시 반에 데려다 놓고 그렇게 출근을 했어요. 저희도 집에 돌아오는 시간도 8시, 10시 막 그랬거든요, 회사에서 돌아오는 시간이.

이제 언니가 혜선이를 데리고 유치원에 데려다주고 자기도 가고, 올 때 또 데리고 오고⋯. 그때 큰애가 7살이었는데, 그때부터 혜선이를 많이 돌봐줬어요. 그때부터 쭉 혜선이가 클 때까지 돌봐준 거죠. 큰애가 엄마 노릇을 한 거죠, 어리지만. 그래서 더 어른스러워졌는지도 모르겠어요, 지금. 고생을 많이 했어요. 눈도 못 뜨는 애를 아침에 막 두드려 깨워가지고 밥 한 숟갈 먹여서 유치원 선생님한테 자는 걸 안겨주고 그러고 나서 출근했어요. 그때 애기 아빠가 부도 나고 얼마 안 됐던 시기라 둘이 맞벌이를 해야 해서 좀 일찍 시작을 했어요, 직장생활을.

면담자　　그 전에 구미에 계실 때는 일을 안 하셨습니까?

혜선 엄마　　저는 직장생활을 했죠. 그땐 아가씨 때였으니까 그땐 직장생활을 했고, 결혼하고서는 안 했고⋯. 직장생활 할 맘이 없었어요. 없었는데 부도가 나면서 가정경제가 어려워지니까, 아이들은 키워야 하고 그러니까 '같이 벌어야겠다' 해서 같이하게 된 거죠.

면담자　　그럼 지금 언니는 학교를 다닙니까?

혜선 엄마   지금 대학교 4학년이고, 졸업반이에요. 졸업반이고, 이제 취업 준비를 하고 있습니다.

면담자   평일에는 두 분이 그렇게 바쁘게 직장에 다니고 하니까 혜선이는 방과 후 프로그램 같은 것도 하고 그랬겠네요.

혜선 엄마   예, 그렇죠, 저희가 돌아오는 시간까지 둘이만 있어야 되니까. 유치원도 오전만 하면 끝나잖아요. 그래서 종일반 하는 유치원도 다니다가, 종일반 하는 유치원이 집 뒤에 있어 가지고, 언니가 다니는 또 유치원은 다르고 그래서 언니가 혜선이를 데려다주고 자기는 갔다가 와서 데리고 오고 이런 식이었는데, 제가 월차를 내고 집에 쉬는 날인데 집 뒤에 유치원을 한번 가봤어요. 혜선이가 어떻게 지내는지 가봤더니, 아이를 밥을 단무지하고 참치 캔 하나 따 놓고 그렇게 밥을 먹이고 있더라고요. 그 4살짜리가 그게 넘어가겠냐고, 국물도 없이 단무지하고 참치 캔 [하나 가지고]. 제가 먹어도 그게 속이 니글거릴 것 같거든요, 그런 것도 봤고….

또 한 번 더 가봤어요, 그래도 그걸 참고서. 거길 갔는데, 원장은 나가고 없고, 아이들이 낮잠을 자는 시간이었나 봐요. 근데 원장 딸이 회초리를 들고 아이들을 때리더라고요, [아이들더러] 자라고, 안 자는 애들을. "원장님은 어디 가셨니?" 그러니까 엄마는 볼일 보러 나갔다고 그러면서 자기가 다 돌보기 힘드니까. [원장 선생님] 딸내미도 어렸는데, 한 초등학생 정도밖에 안 됐던 것 같아요. 근데…, 막 "빨리 자! 빨리 자!" 그러면서 아이들을 때리고 있는 거예요. 너무 황당해 가지고, 거기가 종일반이어서 맡겼었는데, 그래서 도저히 더 못 보내겠다 해서, 이제 거기서 나와서 그냥 오전만 하는 데, 집 근처 오전만 하는 데 보내고, 또 다른 프로그램, 피아노도 배우러 다니게 하고 [그랬지요]. 언니랑 시간을 맞춰가지고 오전만 하고, 또 다른데 가서 다른 거 배우고 이런 식으로 6시 정도까지는 배우러 다니고, 그 이후에는 언니가 집에 데려와서 둘이 같이 저녁 먹고…, 그렇게 컸어요. 방과 후 활동도 많이 했죠. 초등학교 때도 뭐, 초등학교 때까지는 혼자 있기가 뭐하니까 학교 수업 마치면 학원을 보내고, 그니까 일찍 보습학원을 다니게 됐어요. 제가 집에 없으니까 방과 후 활동을 많이 했죠, 집에 부모들이 없으니까.

면담자   초등학교는 어디 다녔나요?

혜선 엄마   초등학교는 화정초등학교요.

면담자   중학교는요?

혜선 엄마   중학교는 석수중학교 다녔고요. 멀어 가지고 걸어 다니면 한 4, 50분 정도 걸리거든요, 집 근처[에도 학교가 있는데 거기가 안 돼가지고.

면담자   버스 타고 다녔어요?

혜선 엄마   아뇨, 걸어 다녔어요. 버스도 없어요, 거기 노선이. 그래 가지고 걸어 다녔는데 여름 되면 학교 가면 교복이 [땀에] 다 젖어버린대요. 그래서 오후에 제가 집에 있을 때는 집에 오면 머리끝이 다 땀이 뚝뚝 떨어져요 머리에서, 교복은 다 젖어 있고. 그렇게 멀리 다녔어요, 중학교는.

면담자   단원고하고 집하고는 많이 안 멀었습니까?

혜선 엄마   음, 버스 타면 한 15분에서 20분? 언니가 단원고를 나왔어요. 그래 가지고 [혜선이도 단원고를 가게 되었죠]. 자기도 처음에는 디미고, 디지털미디어고등학교[에 가고 싶어 했지요]. 혜선이가 시각디자인이 꿈이어 가지고 그쪽에 가고 싶어 했어요.

면담자   거기는 별로 멀지 않은 모양이네요.

혜선 엄마   거기는 좀 멀었는데 차 타면 한 1시간 정도 걸릴 것 같아요, 뺑뺑 돌아서 가야 되니까. 그랬는데 그래도 그 당시 욕심에는 '인문계를 가서 대학을 가야 되지 않겠냐' 그래 가지고 언니도 단원고를 다니고 해서 "집하고 가까우니까 다니기 쉬운 데 가라. 디미고는 너무 멀고, 인문계 간다고 해서 니가 [시각디자인] 그것도 못 하는 건 아니니까"[라고] 반대도 했지만, 일단은 시각디자인을 반대도 했어요. 일단은 인문계 들어가서 공부하면서 다른 진로도 알아보고 그렇게 하라고 단원고를 보냈어요. 언니가 또 단원고를 안 나왔으면 [단원고에] 안 보냈을 수도 있어요. 근데 언니가 [단원고를] 다녀보니까 가깝고 선생님들도 좋고 하니까 "거기 가라" 그래서 이제 제가 많이 단원고를 가라고 그랬죠. 본인도 디미고나 단원고나 강서고나 가고 싶어 했죠.

면담자   혜선이 언니가 단원고를 나왔네요.

혜선 엄마   예, 언니가 나왔던 데. 큰애가 갈 때는 시험을 쳐서 간 거고, 혜선이가 갈 때는 그냥 뺑뺑이 돌려서 갔거든요. 그게 1지망으로 단원고를 쓴 거죠. 그래서 거길 가게 됐어요. 그때 떨어졌으면 좋았을 텐데…….

면담자　　　주말에는 가족들끼리 어떻게 지내셨어요?

혜선 엄마　　주말에는…, 애기 아빠가 별로 밖에 나가는 것도 안 좋아해요. [다른 집은] 가족끼리 여행도 가고 그러는데 그런 게 없어서 제가 애들을 데리고 많이 다녔어요. 직장 동료들이랑 같이 여름에는 휴가도 가고, 주말이면 멀리 못 가더라도 주말이면 아이들이랑 버스 타고, 애 아빠가 안 데려다주니까 버스 타고 근교로 많이 다녔어요. 이제 맞벌이 하느라고 애들[을] 못 돌봐주니까 '그래도 주말만큼은 같이 보내자' 해서 아이들이랑 많이 다녔어요. 아이들이 또 좋아했어요.

면담자　　　같이 다니는 어머니들 그룹이 있었던가 봐요?

혜선 엄마　　이게 거의 남자분이었어요, 제가 다니는 직장이. 남자들만 이제 몇백 명 있고 엄마들이 한 서너 명밖에 없었는데, 그니까 더 이제 [엄마들끼리] 친숙하게 지낼 수 있었죠. 그래서 차 있는 엄마도 있고 해서 같이 휴가도 다녀오고 그랬어요.

3
혜선이의 꿈

면담자　　　혜선이는 성격이 어땠습니까?

혜선 엄마　　혜선이가요? 혜선이는… 호기심이 굉장히 많고요, 모르는 게 딱 하나 생기면 그걸 다 알 때까지 파고드는 성격이고, 적극적인 성격이었어요, 활동적이고. 고등학교 1학년 때 선생님 얘기를 들어봐도 굉장히 적극적이고 활동적이라고 그렇게 말씀하시더라고요. 저는 좀 내성적인데 혜선이는 전혀 저하고는 반대로 앞에 나서서 하는 것도 좋아하고, 뒤에서 가만히 있는 성격이 아니라 본인이 나서서 뭐라도 해야 하는 그런 적극적인 성격이었던 것 같아요.

면담자　　학교에서 다른 특별활동 같은 것도 하고 그랬었나요?

혜선 엄마　　학교에서는 학생회 활동도 하고요. 1학년 들어가서 학생회[에] 들어가려고 좀 노력을 많이 했던 것 같아요. 보면은 연설문 같은 것도 지가 막 쓰고, 학생회 간부로 들어가고 싶어서. [들어가려면] 자기가 연설문[을] 써가지고 해야 된대요. 그래서 후보가 둘이 붙어가지고 자기가 꼭 돼야 되겠다고 많이 노력을 하더니, 학생회 활동도 많이 했고요. 그렇게 활동적으로 많이 움직이는 걸 좋아해서 이제 성격이 나타나는 것 같아요, 가만히 앉아서 공부만 하는 게 아니라. 학생회에 들어가면 여러 가지 활동을 많이 하니까 그런 것도 좋아했고, 또 1학년 때는 체육대회 같은 걸 하면 에어로빅 같은 거 이렇게 해서 반에서 발표도 하고 그러잖아요. 그거를 이제 혜선이가 춤이라 그래야 되나? 동선을 다 짜가지고 아이들이랑 다 같이 연습을 해서 체육대회 때 발표를 해서 1학년에서 2등을 했다고 그러는 것 같아요. 그래서 그거 연습할 때도 엄청 힘들게 연습을 많이 했어요.

면담자   되게 활동적인 아이였네요.

혜선 엄마   예. 본인이 그렇게 나서서 하는 걸 좋아했던 것 같아요. 근데 목소리가 혜선이가 굉장히 허스키해요. 소리를 지르면 안 되는 목인데, 이제 뭐 이상은 없는데 소리를 지르면 목이 쉬는 그런 목소리예요. 그래 가지고 "절대로 넌 소리 지르면 안 된다" 그랬는데, 에어로빅 동선 짜가지고 연습할 때는 소리를 안 지를 수가 없잖아요. 아이들이 많으니까 큰 소리로 얘기를 해야 되잖아. 그리고 소리 지르고 막 큰 소리로 연습을 같이하다 보니까 목소리가 안 나오는 거예요. 집에 왔는데 말이 한마디도 안 나와. 애가 기진맥진해 가지고 있어요. 그다음 날 선생님한테 얘기를 하고, 병원 가가지고 약도 사 먹고 목소리 풀리라고. 그래서 "오전에는 [학교를] 못 가겠다" 그래 가지고 이제 오전에 안 보내고 그럼 "쉬었다가 오후에 간다"고 선생님한테 얘기하고 그랬는데 친구들이 전화가 온 거예요. 한 10시 되니까 "니가 없으니까 연습이 안돼" 그 소리 듣고 벌떡 일어나 가지고 또 가더라고요, 본인이 또 해야 할 일은 하고 그런 성격이라.

친구들하고 같이 뭔가를 해서 좀 이렇게 결과를 보는 그런 걸 되게 좋아했던 것 같아요. 초등학교 때도 그런 동선을 짜가지고 친구들이랑 같이 연습도 하고 그런 걸 좀 많이 했어요. 그런 성격이 저는 되게 부러웠죠, 혜선이 성격이. 저는 막 남 앞에 나서서 하고 이런 것도 잘 못 하니까 굉장히 부러웠어요. 그래 가지고 "너는 친구들이 재산이다" 항상 제가 그런 얘기를 많이 했거든요. "친구 많이 사귀어라. 친구가 재산이다", [하니까] "걱정하지 마" [그러더라고요]. 이제 학년이 올라가도 하루만 갔다 오면 [친구들을] 굉장히 많이 사귀어가지고 오는 거예요. 그런 성격이 굉장히 부러웠어요.

면담자   혜선이가 고등학교 갈 때는 시각디자인에 관심이 있었다고 했잖습니까? 그런 쪽의 활동도 했었습니까?

혜선 엄마   아뇨. 그런 거는 활동을 하지는 못하고, 이제 중학교 때 집에 오면 그림을 굉장히 많이 그리고, 어느 날 보면 책상 위에 그림이 하나 있고 그래요. "이거 뭐야? 이거 누가 그렸어? 어디서 베꼈어?" 그러면 "베낀 거 아니고 내가 그린 건데" 하더라고요. 잘 그리더라고요. 이제 애 아빠가 IMF 때 부도가 나고 해서 혜선이가 중학교 때까지는 사실 많이 힘들었어요. [부모] 둘이 맞벌이를 하고 [딸] 둘을 키우고 그러다 보니까. 〈비공개〉

그러다 중학교 때 "엄마, 시각디자이너 되고 싶다"고, "디미고 가고 싶다"고 그랬는데 이제 형편상 반대를 했어요, 저희가. 거기 가면 미대도 가야 되고 이제 좀 학비가 많이 들 것 같아서 "여력이 안 된다. 엄마, 아빠가 아직까지는 여력이 안 된다. 그러면은 니가 방학 때 학원, 미술학원도 다녀야 하고, 미대도 가야 되고. 그러면 그쪽이 좀 학비가 많이 든다더라. 도저히 안 된다" [하고] 혜선이를 많이 설득을 했어요, 그때는. 〈비공개〉 그래서 본인도, 혜선이도 많이 울고…, 자기가 꼭 하고 싶은데, 본인이 시각디자인 중에서도 에코디자인을 전공하고 싶어 했는데 도저히 안 된다고 해서 본인도 많이 울고…. 우리한테 진짜 가게 해달라고 많이 부탁했는데 저희가 이제 끝까지 반대를 했어요…, (울먹이며) 여력이 안 돼가지고…….

면담자   혜선이가 학원은 많이 다녔습니까?

혜선 엄마　　　아뇨. 많이는 학원을 못 보냈고 그냥 기본적인 영[에], 수[학 학원]만 이제 보내고, 고등학교 때는 본인이 안 다니겠다고 해서 안 보냈고…. 이제 중학교 때 [저희가] 반대를 하니까 자기가 고등학교 올라가서 인문계를 갔으니까, 우리도 이제 "도저히 시각디자인에는 못 보내주겠다" 했는데, 진로를 자기가 다른 걸 찾더라고요. 이제 고등학교 때는 형편이 괜찮아서 [원하는 진로로] 보내줄 수도 있었는데, 이제 중학교 때 자기가 포기를 한 것 같아요, 인문계를 가면서 포기를 하고…. 고등학교에 가서는 부산에 있는 해양대학교에 진학을 해서 조선공이 되겠다고 하더라고요. 저도 그게 뭔지는 잘 모르니까 그냥 일반적으로 [생각해서] "어? 배 만드는 거? 배 만드는 일 하고 싶어?" 하니까, 자기가 튼튼하고 큰 배를 만들고 싶다고 그러더라고요. "그게 뭔지 알고 하고 싶어 하냐?" 물어봤어요. "아무리 대학을 나와도 조선공이 되고 배 만드는 일을 하면, 여잔데 손에 기름을 묻힐 수도 있고 험한 일을 할 수도 있다" [그러니까] 이제 그런 게 전혀 걱정이 안 된다고 그러더라고요. 성격이 뭐 활달하고 그러니까 "그렇게 해야 되면 하고, 또 다른 분야로 할 수 있으면 하고. 일단은 배를 만드는 중에서 한 가지를 하고 싶다. 부산에 있는 해양대학교에 꼭 진학을 하고 싶다" 하면서 공부를 했고.

　　자기도 그 분야를 잘 모르잖아요, 생소한 분야니까. 저도 모르고 그러니까 둘이 막 서점에 다니면서 책을 많이 찾아다녔어요, 그런 분야 책을. 근데 서점에 가도 그런 책이 없더라고요, 그쪽 진로를 알려주는 게. 직원들한테 물어봐도 "그런 책은 없다" 그러고, 그니까 정말 막막한 거죠, 본인도 진로는 정했는데. [그래서] 아주 교무실을 내 집 안방 드나들듯이 하면서 과학 선생님이나 또 다른 선생님들 또 혹시 아는 분들 있으면 여쭤본다고 진짜 교무실을 막 들락거렸다고 하더라고요. 1학년 때 선생님도 "혜선이가 교무실을 진짜 많이 왔다"고, 뭐 이런 거 저런 거 물어보러 오고 전혀 거리낌 없이 왔다고 [하시더라고요]. 선생님도 잘은 모르시니까 선생님들이 아는 분이 그런 거 하는 분이 있으면 알려준다고 노력을 많이 하셨다 그러더라고요. 그런데 크게 이제 도움이 되지는 못했고, 본인이 일단 목표만 대학을 그쪽으로 정하고, 일단 그럼 [대학에] 들어가서 배우고 알아본다 해서 그쪽에 가려고 공부만 했어요.

그랬는데 이제 배를 타고 가다가 이제 그런 일을 당해서⋯. 처음에 [수학여행] 갈 때는 "너도 조선공이 되고 싶으니까 배 타면은 많이 둘러봐라" 그랬죠. 자기도 배 안에 가서 꼼꼼히 살펴본다고 그러면서 갔거든요. 배를 타고 이제 가는 거를 [선택하는데], '비행기도 타고 싶지만 내가 일단은 조선공이 또 꿈이니까 배 타고 가면서 한번 살펴볼 기회가 생겼다' 해서 좋아라 했어요. 그랬는데 이제 이런 사고가 난 거죠.

면담자　　　수학여행 갈 때 뭐를 타고 갈지 설문을 했었죠?

혜선 엄마　　예, 근데 이제 혜선이도, 배를 타고 가면서 불꽃놀이를 하잖아요, 밤에. 그런 걸 애들이 또 좋아했던 것 같아요, 혜선이도. 그래서 뭐 비행기 타고 가도 좋지만 배 타고 가면서 불꽃놀이를 하니까 그것도 좋을 것 같다고 [그랬어요]. 집에는 가져오진 않았어요, 아이들이 조사하는 거를. 큰애 때는 가지고 왔거든요.

면담자   언니도 수학여행을 제주도로 갔었어요?

혜선 엄마   예, 언니도 똑같은 코스로 갔었어요.

면담자   혹시 똑같이 세월호를 탔나요?

혜선 엄마   세월호는… 맞는지 안 맞는지 그거는 모르겠어요. 그때는 세월호가 없었을 거 같은데, 그때는. 큰애는 비행기를 타고 싶어 했는데 배로 간 거고, 혜선이는 자기들이 학교에서 적어서 낸 것 같아요. 그래 가지고 그 설문지는 집에 안 가져오고….

면담자   언니랑 다르게 혜선이는 배를 타고 가는 걸로 바로 적어 냈겠군요.

혜선 엄마   그 당시 혜선이가 조선공이 되고 싶어서 굉장히 여러 방면으로 알아보고 했는데, 선생님 친구분 아들이 구명조끼를 하나 개발, 그걸 뭐라고 해야 하지? 아이디어를 냈나 봐요, 구명조끼를. 이제 학생이었는데 그거를 그렇게 아이디어를 냈나 봐요. [혜선이가] 그 얘기를 굉장히 신이 나서 얘기를 하더라고요. 자기가 조선공이고 배를 만드는 직업이니까 거기에 관련된 것도 굉장히 관심 있어 했어요. "어떤 구명조낀데 그러냐?" 그랬더니 "선생님 친구 아들이 구명조끼를 만드는 아이디어를 냈는데, 만약에 배를 타고 가다가 사고가 나서 바다에 빠지면 저체온증에 걸리니까 바다에서 오래 견딜 수 있는 구명조끼를, 이제 그거를 발명을 했다"고 그러는 거예요. "어떻게 하는 거냐?" 그랬더니 어쨌든 전기로 하든 뭐로 하든 열선을 넣어서 이렇게 전기가 안 통하게 해서 진짜 오랫동안 체온을 유지할 수 있는 그런 구명조끼를 발명했다고 그러더라고요. 그러면서 "내가 배를 만들고 그런 구명조끼가 있으면 혹시라도 사고가 나도 바다에서 오래 견딜 수 있으면 언젠가는 구조가 되지 않을까? 굉장히 좋은 아이디어 같다"고 굉장히 신이 나서 저에게 얘기했던 기억이 있어요.

면담자   그런 얘기를 나눈 게 수학여행 가기 얼마 전인가요?

혜선 엄마   아뇨, 그건 고등학교 1학년. 이제 자기가 조선공이라는 진로를 정하고 나서 그 얘기를 전해 듣고 저한테 얘기를 해주더라고요.

면담자   언제쯤부터 그쪽으로 관심이 많았어요?

혜선 엄마   1학년 한 2학기 정도부터? 그쪽으로 마음을 굳혔더라고요.

4
설레던 수학여행 준비, 그리고 4월 16일

면담자   수학여행 가기 전에 혜선이하고 같이 준비할 때는 어떤 기억이 있으신가요?

혜선 엄마   혜선이가 수학여행[을] 가면서, 아이들이 이제 여학생들이니까 옷 같은 것도 관심이 많잖아요, 사복을 입고 가야 되니까, 모처럼 교복을 입다가 사복을 입고 가야 하니까. 이제 혜선이가 중학교 때부터 아디다스 그 체육복 같은, 저지라고 그러나? 체육복 그

33
I회차

걸 굉장히 입고 싶어 했는데 애기 아빠가 "그런 거 동대문 가서 2만 원이면 사. 그런 거 뭘 십 몇만 원씩 주고 사 입냐? 학생들은 그런 거 비싼 거 입으면 안 돼" 이러면서 굉장히 반대를 해서 결국은 못 사줬 어요, 고등학교 올라올 때까지. 저는 이제 몰래 사주고 싶은데 표가 나잖아요, 옷이니까.

못 사줘가지고 항상 이렇게…, 학교에서 극기 훈련 뭐 그런 걸 이렇게 갔다 와서 옷을 입은 걸 보면 저지를 입고 사진을 찍은 거예 요, 분명히 혜선이 옷은 아닌데. "근데 엄마 내가 입고 싶어서 친구 들한테 빌려 입었어" 이러는 거예요. 몇 번을, 그게 한두 번 정도를 친구들 거를 입고 찍었더라고요. 그래 가지고 '애가 굉장히 입고 싶 어 하는구나' 해서 "그럼 수학여행 갈 때 엄마가 아빠 몰래 사줄게" 그래서 이제 같이 가서 수학여행 가기 한 열흘 전에 저지를 사줬어 요. 그니까 열흘 동안 계속 그거를 입고 다닌 거예요. 얼마나 좋았으 면…, 자기 거니까, 그게 별거 아니지만은 다른 옷도 있지만 그게 입 고 싶었는데 못 입었던 게 있어서 그런지 학교 갈 때 아빠 몰래 가방 에 넣어가지고 갔다가 학교에서 입고 들어올 때 또 가방에 넣어서 들어오고…. 그렇게 열흘을 입고 다닌 거예요, 그 옷을.

그래서 수학여행 가기 전에 학교 교정에서 벚꽃나무 아래에서 사진 찍은 거 보면 전부 그 옷을 입고 찍은 거예요. 그니까 그게 지 금 마음이 더 아픈 거죠. [그동안] 자기가 그 저지를 못 입은 게 너무 그래서…, 이제 혜선이가 떠날 때 저지를 열흘밖에 못 입었잖아요. 그래서 나중에 혜선이 옷을 태웠을 때 저지를 한 벌 사서 같이 태워 줬어요, 얼마 못 입고 가서, "가서 입고 다녀라" 하고. 저지를 그렇게 사주고 나서, 옷을 이제 뭐 "엄마가 옷 한두 벌 정도만 사주면 안 되나?" 그래 가지고 사복을 입고 다녀야 되니까, 둘이 같이 가서 옷도 더 사고….

면담자   저지 말고 다른 옷도 사주신 거죠?

혜선 엄마   다른 옷도 샀어요. 저지는 이제 아빠 몰래 사준 거고, 다른 옷은 이제 표 나게 입고 다니고. 그거는 이제 "학생이 비싼 옷을 입으면 안 된다"고 해서 못 사준 거거든요. [혜선이가] 체육복 같은 거 입고 다니는 그런 거를 안 좋아해요, 애 아빠가. "체육복을 어디 학교에 입고 다니냐"고 그래서 [저지는] 몰래 사주고, 이제 렌즈도 몰래몰래 싼 거를 사서 안경은 안 끼고…. 원래 안경을 꼈는데 몰래몰래 일회용 렌즈 끼고 막 이랬나 봐요, 콘택트렌즈를. 그냥 "엄마가 좋은 걸로 사줄게. 그래서 1년 동안만 너무 자주 끼지 말고. 나중에 라식수술 해야 하니까 진짜 필요할 때만 껴" 하면서 1년 사용할 거를 사줬어요, 수학여행 갈 때. "알았어, 엄마. 1년 동안. 진짜 이제 안경이 저기 안 좋을 때만…", 안경이 있어서 활동이 불편할 때만 끼겠다고 해서 1년 쓸 거를 사주고, 제주도 갈 때도 이제 혹시 모르니까 10개를 가지고 간 거예요, 콘택트렌즈를 일회용으로 사서 10개를 가져가고.

그런 것도 같이 사러 다니고, 이제 뭐 과자도 같이 사고, 가방도 사고, 음… 여러 가지를 사서 이렇게 집에 와서 같이 가방도 같이 꾸리고 그렇게 했었어요. 과자도 친구들이랑 같이 먹으려고, 밤새 잠을 같이 안 잘 생각으로. 친구랑 같이 먹는다고 과자도 엄청 많이 샀거든요. 준비를 같이했죠. 옷도 사고 렌즈도 사고 과자도 사고 뭐 (눈물을 글썽이며) 그랬는데 못 돌아온 거죠.

면담자   15일 아침에 학교로 가서, 학교에서 오전 수업하고 바로 배 타러 간 거죠?

혜선 엄마   예, 예. 아침에 학교 가는 것만 본 거죠, 그러니까 아침에 학교 가는 것만 보고. 학교는 이제 애기 아빠가 데려다주고 자기는 출근하고 [그랬어요]. 이제 학교 갈 때 보고 그 이후에는 못 본 거죠.

면담자   배 타고 나서 혜선이와 통화는 하셨습니까?

혜선 엄마   배에서는 못 했고요. 떠나기 전에 저녁에 6시쯤에 전화가 왔더라고요. 회사에 있는데 전화가 와서, 그때가 한 6시쯤 출발하는 시간이었나 그럴 거예요 아마, "출발했냐?" 그러니까 바다에 안개가 너무 많이 끼어가지고 바다 자체가 안 보인대요. 바다가 있는지 없는지 구분이 안 갈 정도로 안개가 많이 끼었다고….

면담자   출발을 못 할 정도로 안개가 많이 낀 상태였네요.

혜선 엄마   예. 이제 관계자들이 말을 하는 게 이 안개가 1년에 한 번 낄까 말까 할 정도로 굉장히 짙은 안개가 끼었다고 관계자들이 그렇게 얘기를 해서 아마 못 갈 수도 있을 것 같다고 전화가 온 거예요. "안 갈 수도 있네?" 그러니까 "아마 못 갈 수도 있을 것 같아요" 이러더라고요. 일단은 배에 타서 저녁을 먹고, 가면 가고 안 가면 안 가고 그런다더라고요. "안 가는데 뭐 하러 배에 타서 저녁을 먹냐? 그냥 차 불러서 돌아오면 되지" [그랬는데] 교장, 교감선생님이랑 그렇게 결정을 했나 보더라고요. "[배에] 타가지고 일단 저녁을 먹고 가게 되면 간다. 못 가면은 다음에 어디 하루 다녀온다"고 그랬나봐요.

수학여행을 못 떠나면 그니까 그게 아쉬운 거죠, 혜선이는. 이제 안개 같은 거 위험성은 뭐 그 당시에는 생각을 못 했으니까, 아쉬운 마음이 조금 있는 말투였어요. "엄마, 못 갈 수도 있어" 그리고 "다음에 다른 데 뭐 하루 그냥 간단하게 소풍처럼 갔다 온대. 그래도 할 수 없지, 뭐" 그러더라고요. 그게 이제 마지막 통화였어요. "가게 되면 전화해라" 했는데 출발하면서 아빠한테 전화를 했더라고요. 아빠한테는 출발했다고 9시쯤에 전화가 왔다고 하더라고요. 저는 이제 못 받았고 아빠하고는 통화를 했으니까 저는 이제 통화를 안 했어요. 계속 또 전화가 없길래 그래도 출발했으면 전화 한 번 하나 기다렸는데 안 해가지고, 저녁에 한 밤에 12시쯤 돼서 전화를 하니까 안 받더라고요. 계속 통화를 시도했는데 안 받아서 선생님한테 문자를 남겼어요. "혜선이 같이 있냐"고, "출발했다는데 어디쯤 가고 있냐"고 문자를 보냈더니 "혜선이 친구들하고 잘 놀고 있다"고 "걱정하지 마시라"고 문자가 온 거예요.

이제 데이터가 잘 안 터졌는지 뭐 전화를 못 받고, 배터리가 다 됐을 수도 있었을 것 같아요, 혜선이가. 그래서 제가 통화를 못 했을 수도 있었을 것 같아요. 선생님이 걱정 말라고 해서 이제 아침까지 그냥 있었던 거죠. 혜선이 핸드폰이 좀 오래돼 가지고 배터리가 금방 소진이 돼요. 이제 보조배터리를 가지고 다니는데도 금방 소진이 되고, 애들이 많이 쓰니까 하루에도 몇 번씩 충전을 해야 될 정도로. 애가 이제 2년이 넘은 핸드폰이라 금방 소진돼 가지고 아마 배터리가 없었을 것 같아요. 그래서 그 이후로는 아예 통화도 못 하고 문자도 못 받아보고, 당일 날 아침에도 배터리가 있고 그랬으면 연락을 했겠죠, 본인도 그 무서운 순간이었을 텐데. 그때 후회되는 게… 이제 "핸드폰을 몇 개월 있다가 바꿔주겠다" 그랬는데 못 바꿔준 거에요, 그게 너무… 후회가 되고. 지금은 저희가 이제 충전할 수 있는 보조배터리도 가지고 다니잖아요. 근데 그 당시에는 그런 걸 몰라서, 요즘에는 이제 제가 들고 다니면서 그걸 볼 때마다…….

면담자   그때는 사람들이 보조배터리를 사용을 안 했던 거 같아요.

혜선 엄마   예. 그때도 그게 있었는지 없었는지는 모르겠지만, 요즘 저희가 어디 가면 그걸 가지고 다니는데 그걸 볼 때마다…. '그때도 이런 게 있었으면, 혜선이를 사줬으면 통화를 할 수 있지 않았을까' 볼 때마다 그 생각이 나는 거에요. 배터리가 다 소진돼서 연락을 못 했던 것 같아서 볼 때마다 이제 생각이 나고 눈물이 나는 거에요.

면담자   오래된 핸드폰을 못 바꿔준 것도 후회로 남으시고요.

혜선 엄마   예. 오래됐어요, 그게 중학교 때 사준 거라. 신형 나오면 바꾸고 바꾸고 하는 애들도 있는데, 우리는 "약정 기간 다 채우고 바꿔주겠다" 그래 가지고…. [약정 기간이] 3년이었었거든요. "3년 채우면 바꿔줄게" [하고 못 바꿔줬던 거죠]. 2년 넘은 핸드폰이었는데 배터리가 너무 빨리 닳아가지고 학교 갔다 올 때 되면 가지고 갔던 것도 다 소진이 돼가지고 그냥 올 때도 많았어요. 그니까 수학여행 갈 때는 다 소진되고 없었을 것 같아. 핸드폰 바꿔줄걸… 후회되는 게 한두 가지가 아니죠, 지금은.

면담자 혜선이가 2학년 때니까 언니는 대학생이었죠?

혜선 엄마 예, 언니는 대학생 때. 2학년 1학기 때였던 것 같아요.

면담자 언니는 학교를 집에서 다녔습니까?

혜선 엄마 아니요, 기숙사에 있었어요. 학교가 청주 쪽이라 기숙사에서 생활하고 있었어요.

면담자 그럼 혜선이가 수학여행을 갈 때 언니는 집에 없었겠네요?

혜선 엄마 언니는 집에 없었죠. 기숙사에 있었으니까 언니도 며칠 전에 보고 못 본 거죠.

5
그날의 기억

면담자 세월호가 침몰했다는 연락이 오거나 처음 알게 되신 건 언제쯤이었습니까?

혜선 엄마 저한테 따로 연락은 온 건 없고요. 단원고에서 연락이 다들 갔다고 하는데 저한테는 문자가 안 왔어요, 애기 아빠도 문자가 안 오고. [학교에서] 문자를 보냈다고 그러더라고요, 사고 나고. 근데 저는 문자는 한 번도 받아본 적이 없고요. 나중에 "전원 구조" 그런 문자만, 그것도 받았는지 기억이 가물가물한데, "사고 났다"는 문자는 받아본 적이 없고…. 그날은 또 어쩌다 보니까 제가 집에 있는 날이라 아침에 뉴스를 좀 본다고 틀었는데 그게 자막이 뜬 거예요. 그래 가지고 알게 되었어요. 그니까 TV 뉴스[를] 보고 알게 된 거죠.

면담자　　그게 몇 시쯤이었습니까?

혜선 엄마　　오전 10시 정도에 알았어요. 그때는 뭐 거의 배가 다 기운 거죠, 그러니까. 그 긴 시간 동안 제가 모르고 있었다는 게… 지금은 정말 미안하고, 혜선이한테…(잠시 침묵). 그 뉴스 자막을 보고서, 애기 아빠는 그때 회사에 있었거든요, 애 아빠한테 놀래가지고 전화를 [하고] 학교에 전화를 하니까 학교는 전화를 받지도 않고…. 그때는 먹통이었겠죠, 제가 너무 늦게 알았으니까. 애기 아빠한테 전화했는데 애기 아빠도 일하다 말고 쫓아오면서 "기다려라, 학교로 같이 가자" 그래서 기다리는데…, (한숨 쉬며) 옷을 갈아입어야 나갈 수가 있는데 옷을 못 갈아입겠는 거예요. 손이 떨리고 다리가 떨려서 옷이 안 들어가요. 옷을 못 입고 한참을 주저앉아 있다가 겨우겨우 옷을 입고 이제 애기 아빠랑 같이 학교에 갔죠. 그때는 벌써 부모님들이 많이 있었어요.

면담자　　왜 학교로 먼저 가셨나요?

혜선 엄마　　일단 어떻게 된 상황인지 모르니까 학교 가서 얘기를 들어보자고, 어디로 가야 하는지도 모르는 상태였잖아요, 저희가.

"일단 학교 가자" 해서 이제 애기 아빠가 와서 같이 학교로 갔어요. 학교 가니까 뭐 다 아수라장이고…, 거기 강당이었던 것 같은데 강당에 부모님들이 벌써 뭐 [많이 있었어요]. 아마 "전원 구조, 전원 구조했다"는 그 말을 거기서 들었던 것 같아요, 그 당시에는. 저도 경황이 없어서 잘 모르겠는데 부모들이 항의하는 중이었어요. 교육부에서 "학생들을 다 구했다" 이래 가지고…, 그 순간에 안심을 한 거죠. 저는 '다 구했다니까 그럼 내려가서 데려오기만 하면 되는구나' [싶기는 했지만] 그래도 마음이 막 급한 거죠.

그때 막 생존자 애들이[한테] 전화도 오고 그랬었어요. 탈출한 애들이 부모한테 전화가 와서[전화를 해서] 뭐 "엄마 나 나왔어" 그러면서 전화가 왔는데, 그게 이제 그 애들 중에 "엄마, 나 누구누구랑 옆에 같이 있고, 몇 명이 같이 있어" 이런 얘기를 막 해준 거예요, 그 부모한테. 그래서 그 부모도 이제 큰 소리로 "누가 옆에 있다, 누구누구 있다" 이렇게 얘기를 해주더라고요. 그중에 혜선이 이름이 있었으면, 우리 혜선이 이름도 불리기를 정말 기다렸는데 없더라고요. [주변에서] 그런 소리를 듣고 다른 부모들도 이제 '구조했다는데 왜 연락이 안 오냐. 이제 학생들은 다 구했다니까 곧 연락이 오겠지' 하고 정말 전화기를 손에서 안 놓고 계속 켜고 있어요. 저도 계속 전화기만 보고 있던 거예요.

그러면서 이제 [부모들이] 항의도 하고 그랬는데, [왜냐하면] 구했다는데 [아이한테서] 연락은 안 오고, 교육부나 학교에서는 다 구했다고 하고, "기다려봐라, 다 전화 올 거다" 그 정도밖에는 안 해줬어요, 학교에서. 이제 부모들이 더 거세게 항의하면서 "그래도 이제 진도

가야겠다"고 "애들이 올라올 때까지 못 기다린다. 진도 가야겠다"[라고], 이제 부모들이 항의를 해서 그쪽에 안산시나 교육청이나 그쪽에서 버스를 준비하겠다고 그러더라고요. 이제 애기 아빠랑 저는 '그때까지 못 기다린다. 버스 준비하고 하려면 또 몇 시간 허비하지 않느냐' 그래서 둘이 이제 차 타고 가자고 해서 다시 집에 와가지고 차를 끌고 진도로 내려갔어요. [그래서] 다른 부모님들보다는 좀 더 일찍 도착을 한 거죠, 진도에.

면담자　　　출발한 게 몇 시쯤 됩니까?

혜선 엄마　　　출발한 게… 12시 전이었어요, 저희는. 제가 10시 정도에 알았고, 애기 아빠가 회사에서 왔다가 [바로] 학교로 갔다가 다시 금방 다시 왔어요, 저희는. 학교에서 한 2, 30분 있었나? '빨리 가야겠다' 해서 빨리 와서 그냥 12시 정도에 출발했던 것 같아요. [배에서] 빠져나온 친구들이 부모한테 전화하는 거 듣고 '혜선이도 나왔을 수 있으니까 빨리 가자' 해서 저희는 이제 개인 차를 이용해서 내려갔어요. 그게 한 4시 반 정도에는 도착을 했던 것 같아요. 엄청 밝았거든요, 애기 아빠가 가면서. 그래서 일찍 도착을 했어요.

면담자　　　진도에 도착해서 바로 팽목항으로 가셨습니까?

혜선 엄마　　　그때는 이제 팽목항을 몰랐어요, 내려갈 때는. 체육관으로 가라고 해서 '진도체육관' 내비[게이션을] 쳐가지고 체육관으로 갔거든요. 체육관에서 기다린 거죠, 저희는 애들[이] 올 줄 알고. "전화기가 없으면 친구들 걸 빌려서라도 하지 않겠냐" 해서 이제 계속 기다렸는데 전화가 안 오더라고요. 계속 기다리기만 했죠, 체육관에서 그날 저녁까지는. 체육관에 도착하니까 공무원들 몇 명[이] 있고, 공무원들은 그냥 어슬렁거리고 있더라고요. 그 체육관 강당에 기자들도 엄청 많이 있고, 기자석도 준비가 되어 있고…. 공무원들 있는데 도착하자마자 물어봤어요. "애들 어떻게 됐느냐? 학교에서 들으니까 탈출해서 나온 애들이 부모한테 전화도 하더라. 더 나온 애들은 없느냐? 학교에서 다 구했다고 하는데 더 나온 애들 없느냐?" 그러면서 물어봤더니 그 사람들은 정말 일관되게 얘기를 하는 거예요. 처음에 내려가면서는 저희가 이제 백육십몇 명 정도가 탈출했다는 그 정도는 내려가는 도중에 알았어요. 공무원들한테 물어보니까 백육십몇 명이 나오고, 남은 애들은 배를 타고 오고 있는 중이라는 거예요. "나머지도 다 구해서 배를 타고 오고 있다. 그니까 좀 더 기다려봐라" [하면서], 동거차도인지 서거차도인지 거기를 들어갔다가 배를 타고 나오고 있는 중이라고 기다려보라는 거예요.

그래도 이제 마냥 기다릴 수는 없고, 기자들이 더 잘 알 수 있지 않을까 해서 기자한테 또 물어봤어요. 근데 기자도 똑같은 말을 하는 거예요. 정부 관계자들이랑 기자들도 똑같이 "기다려봐라. 백육십[몇] 명이 탄 배가 들어오고 있다"[라고]. 근데 그런 말을 하는데, 이제 그 당시에는 [저희가] 팽목항이랑 체육관이랑 얼마나 먼지 거리 계산이 안 되잖아요. '그래서 오래 걸리나 보다' 하고 정말 몇 시간을 기다렸어요. 그 말만 믿고 계속 가서 물어봤어요. "지금은 어디쯤 오고 있냐?", "아직도 오고 있다" 그래요. 좀 있다가 또 물어보면 또 "오고 있다, 기다려봐라" [하는 거예요]. 그렇게 기다린 시간이 6시가 넘어가고 7시가 넘어가는 거예요. 체육관 입구에 쪼그리고 앉아가지고 [있었어요]. 애들이 버스를 타고 들어와야 한다고 해서 버스 들어오는 것만 기다렸어요, 체육관에 앉아가지고. 입구 쪽 바깥에 앉아가지고 버스 들어오는 것만 계속 쳐다봤는데, 다른 버스들만 들어오지 학생들이 탄 버스는 안 들어오더라고요.

그때 [체육관에] 갔을 때 생존자 애들이, 먼저 탈출한 애들이 와 있었어요, 그리고 이제 생존해 있는 애들 명단이 또 옆에 붙어 있었고, 그거를 다 봤는데도 혜선이를 못 찾아서 이제 정부 관계자한테 물어봤던 거죠. 9반 아이들이 지금 두 명밖에 못 나왔잖아요. 두 명밖에 생존이 안 됐는데 명단을 보니까 두 명이 있더라고요. 그래서 혜선이가 9반이니까 9반 아이들을 찾았는데 못 찾겠더라고요. 이제 생존한 애들은 담요를 두르고 있더라고요, 체육관에. 혹시 "혜선이 모르냐"고, "혜선이 9반이다" 막 물어보고 다니니까 9반 애가 저를 봤나 봐요. 제가 이제 9반이라고 자꾸 얘기를 하고 다니니까 이제 와가지고 얘기를 해주는데, 9반이 있는 방이 너무 깊숙이 있대요. 그 방이 그냥 문 열고 들어가면 되는 방이 아니라 계단을 내려가면서 있는 방이라고 그러더라고요. 평지에 이렇게 있는 방이 아니라 계단을 타고 내려가야 하는 지하실처럼 생겼다고 하더라고요. 자기는 그때 생존한 두 명이랑 볼일이 있어서 밖에 나왔다가, 또 바깥이 어떤 상황인지 보러 나왔다가 방에 안 들어간 거예요. 걔네들은 방에 안 들어가고 위에 있다가 애들한테 구명조끼만 던져줬다고 그러더라고요. "어머니, 구명조끼는 다 입었을 거예요. 제가 구명조끼는 다 줬습니다" 그러더라고요. 근데 구명조끼 입은 게 문제가 아닌데, 그 아이는 그렇게 얘기하고…. 거기서 탈출은 할 수 있겠느냐 물어봤어요. 물어봤더니 자기네 방이 너무 깊숙해서 배가 기울었으면 거기를 나올 수가 없다는 거예요. 나올 수가 없고, 물이 차면 혹시 나올 수 있을지 몰라도, 물이 안 찬 다음에는 거기를 올라올 수가 없다는 거예요.

(울먹이며) 그 소리를 듣는데 정말…, 애 전화를 기다리고 버스 오기만 기다리고 있는데……, 같이 있었던 9반 아이가 그런 얘기를 하니까 희망이 없잖아요, 혜선이가 돌아올 수 있다는 희망이. 물이 찬 다음에는, 구명조끼를 입었다 해도 계단이면 입구가 해봐야 얼마나 넓겠어요? 그 많은 아이들이 이렇게 나오려고 하다 보면 못 나올 수도 있는 거고, 물이 차면 뭐 질서 정연하게 나올 수도 없잖아요, 아이들이 물에 쓸려갈 수도 있고 그러니까…. 그래도 실낱같은 희망을 가지고 기다리긴 했는데, 그 아이가 그 말을 해주는 순간에 정말 희망이 사라지고……. (눈물을 글썽이며) 그래도 그 아이가 그런 말을 했어도 또 다른 아이들이 [말하는데] 아이들이 구명조끼를 입고 그렇게 있는 걸 보고 자기는 그냥 그렇게 나왔다고 하더라고요. 물이 차기 전에 그 아이는 나왔으니까, [배가] 넘어지는 순간에 다른 데로 옮겼다 하더라고요.

또 혜선이[를] 아는 애가 더 있나 싶어서 나온 애들을 다 물어보고 붙잡고 물어보고 다녔는데 본 아이들이 없더라고요. 정말 절망적이었죠, 그때는. 그렇게 그날을 보낸 것 같아요. 아이들한테 물어보고 정부 관계자들한테 물어보고, 그날은 하루 종일 물어보고 다닌 것 같아요…. (눈물을 글썽이며) 언제 오냐고, 어떻게 됐냐고 그러면서 밤이 됐던 것 같아요. 그러는 와중에 이제 부모님들 차가 들어오고.

면담자   단원고에서 출발한 버스들을 타고 내려오셨죠.

혜선 엄마   예.

면담자   팽목항에는 안 가셨나요?

혜선 엄마   그때는 이제 저는 팽목항을 안 가고요, 체육관에 이제
그게 [생존자 명단을] 막 붙여놓고 이러니까. 애기 아빠가 자기가 팽
목항을 가겠다고, "이제 둘이 나눠서 너는 여기서 기다리고 자기는
팽목항에서 기다리고 그런다"고 애기 아빠가 팽목으로 가고 저는 체
육관에 있었어요. 그래도 진짜 그 아이한테 그 말을 들었어도 [혜선
이가] 돌아올 줄 알았거든요. 그래서 이제 양쪽에서 기다리자 해서,
애기 아빠가 팽목으로 가고 저는 이제 거기서 기다렸어요(침묵).

 내려가면서 차를 타고 가니까 뉴스 같은 게 하루 종일 떠들었잖
아요. 근데 그 소리를 진짜…, 막 뉴스도 못 듣겠는 거예요, 조마조
마해서. 그래도 또 궁금하니까 그래도 어떻게 됐는지 뉴스를 들으면
서 가고…. 처음에 [뉴스에서] 생존자 명단이 한두 명씩 막 올라오더
라고요. 근데 그 생존자 명단을 확인할 수가 없는 거예요. 내려가면
서 가족들도 이제 뉴스를 보고 전화가 오고, 친척들도 혜선이 사촌
들도 전화가 오고, 혜선이 사촌들이 "숙모, 제가 생존자 명단 확인해
서 알려줄게요" 막 그러더라고요. 처음에는 놔두라 그랬어요. 그거
를 확인하고 나면 너무 힘들 것 같은 거예요. "아니다, 놔둬라" 그랬
는데 그래도 자기가 알아보겠다고 그러더라고요. 내려가면서 이제
저는 도저히 그걸 확인을 못 해서 혜선이 사촌이 "숙모, 아직 혜선이

명단에 없어요" 하면서 전화가 몇 번이나 왔어요. "그럼 좀 더 기다려보자" 이러면서 가고. 뉴스도 정말 못 듣겠어 가지고 또 한참 가다가 어떻게 됐나 조금 틀어서 듣고, 또 가다가 듣고, 껐다가 듣다가 그러면서 내려갔거든요, 너무 힘들어 가지고.

그때 내려가면서 차웅이 소식을 들었어요. "차웅이가 구명조끼를 친구한테 벗어주고 떨어졌다" 그랬잖아요. 그 소리를 들을 때는 애들이 다 배 밖으로 나왔다고 생각했어요, 나왔다고. [배에서] 떨어졌다고 하니까 '그럼 배 밖으로 나왔으면 혜선이도 수영을 몇 년간 배웠고, 물을 무서워하는 애도 아니고, 바다하고 수영장하고는 틀리겠지만 그래도 전혀 못 하는 애는 아니니까, 뛰어내렸으면 구조하러 올 때까지 좀만 기다리면 나올 수 있지 않겠나' 그런 마음을 가지고 내려갔던 거죠. 전 정말 다 나왔을 수 있을 줄 알았어요. 차웅이 소식[을] 듣고 아이들이 배 밖으로 다 나왔을 줄 알았어요. 아침에는 아무리 연락해도 혜선이하고 연락이 안 닿았지만 그런 마음으로 갔는데…….

이제 체육관에 가보니까, 뭐 진짜 지금 언론[이] 받아쓰기한다고 그러는데 정말 받아쓰기였던 것 같아요. 똑같은 말만 했으니까, 정부 관계자들이랑 기자들이랑…, 기자 몇 명한테 물어봐도 똑같은 말만 하더라고요, "아직 들어오고 있다"[라고]. 그 사람들도 사실 확인을 안 하는 거죠. 언론도 그냥 정부에서 브리핑하는 대로 얘기했던 거[고요]. 그렇게 한 10시 정도까지 그러고 있었던 것 같아요.

면담자   체육관에는 며칠 정도 계신 겁니까?

혜선 엄마   혜선이가 나올 때까지, 돌아올 때까지 일주일 있었어요. 혜선이가 일주일 만에 돌아왔거든요.

6
무책임한 관계자들

면담자   체육관에서도 많은 일들이 있었죠?

혜선 엄마   많았죠, 체육관에서는. 뭐 지금 생각하면 4월 16일 날 생존한 사람들이 16일도 그렇고 17일도 그렇고, 일반인 생존자들이 정말 많이 왔었어요. 지금은 그게 참 중요하다는 것을 알지만 그 당시에는 진짜 내 새끼만 생각을 했잖아요. 내 새끼[가] 돌아오기만 기다리고…, 빨리 구조되기만을 기다리고, 그 사람들 얘기에 그렇게 크게 귀를 기울이지 않았어요. "배가 이렇게 됐다, 저렇게 됐다, 이렇게 넘어갔다" 해도, "어디에 있다가 나왔다" 이렇게 얘기를 해도 '아, 이 사람은 살아남았구나' 그 생각만 하고, 그냥 우리 혜선이 돌아오기만을 기다리고 구조되기만을 기다렸지, 그 사람들의 얘기에 귀를 안 기울이고 했던 게 지금은 많이 후회가 돼요. 지금 생각하면 그때 얘기를 하나하나 사진 찍고 녹음하고 그랬어야 됐는데, 진상 규명을 위해서라도. 그때 그걸 못 한 게 많이 후회가 되죠. 진짜 생존하신 분들이 많이 왔었거든요. 부모님들 다 내려오시고 하고 나서는 정말 아수라장이었죠. 박근혜…, 박근혜도 그다음 날 왔다 가고.

면담자   어머님도 그때 체육관에 계셨나요?

혜선 엄마　예, 있었죠. 있었는데 솔직히 대통령이 하는 얘기[는] 귀에 안 들어와요. 뭐 이렇게 하겠다 저렇게 하겠다 해도 첫날부터 이렇게 지켜보니까 별로 하는 게 없는 것 같더라고요. 우리는 적극적인 구조를 원하는데 그 사람들은 "이렇게 하면 안 되고, 저렇게 하면 안 되고"라거나, 유가족이 "이렇게 했으면 좋겠다" 하면 그것만 하는 흉내를 내고, 제가 있는 일주일 동안 거의 그런 식이었어요. 대통령이 왔다 가도 별반 달라지는 게 없고, 대통령 왔다 가고 난 뒤에 1, 2시간 지나니까 구호물자만 엄청나게 쏟아져 들어왔어요, 정말 체육관에 꽉 찰 정도로. 뭐 물품만 엄청나게 쏟아져 들어오고 바닥에 자리만 깔아주고⋯, 지금까지도 그 생각은 변함이 없어요. '대통령이 왔다 가고 난 뒤에 변한 게 아무것도 없고, 구조에 힘쓴 것도 없고, 그냥 구호 물품만 엄청나게 들어왔다. 대통령이 와서도 아무것도 한 게 없다' 그 생각이고, 첫날부터 일주일 동안 있어봤지만 정부는 진짜 아무것도 이렇게 자기들이 나서서 하는 게 없었고.

(손바닥을 왼쪽으로 뒤집으며) 이렇게 빠졌으니까, 나중에 선미만 이렇게 조금 올라와 있었잖아요. 부모님들이 "거기에다 크레인으로 잡아서 더 안 빠지게 걸어놓으면 되지 않겠냐" 그런 얘기도 하고, "공기 주입도 해야 된다"고도 다 부모님들이 얘기한 거고, [그런데] 지금에 와서 다 밝혀졌지만 그 사람들은 흉내밖에 안 냈잖아요. 공기도 넣는 시늉만 하고, 공업용 갖다 놓고 다 그런⋯, 정말 무능하고⋯, 부모들이 하자고 그러면 조금 움직이는 흉내만 내고, 자기들이 자발적으로 한 건 하나도 없고 다 그런 식이었고⋯.

그날 첫날에 단원고 교장도 내려왔었어요. 교장이 내려왔을 때는 그때서야 이제 혜선이가 해준 얘기가 "안개가 정말 많이 끼었다. 조금도 아니고 바다가 안 보였다"고 하는 그 말이 막 머릿속에서 자꾸 맴돌아서 교장한테 물어봤어요. "우리 딸은 그날 저녁에 이렇게 이렇게 전화가 왔었다. 근데 왜 수학여행을 떠났냐? [왜] 배를 출항을 시켰냐? 교장이 안 간다고 결단을 내렸으면 수학여행을 안 가지 않았겠느냐?" 그랬더니 이 교장은 또 교감한테 떠넘기는 거예요. 그때는 교감이 자살하기 전이었어요. 그래서 교감선생님은 [교장선생님에게] 전화를 하고, "안개가 너무 많이 끼었다" 그래서 교장선생님이 자기는 그 현장에 없으니까 "교감선생님이 판단을 하시라. 보고 수학여행을 갈 건지 안 갈 건지 판단을 교감선생님이 결정을 해서 가시라" 그렇게 얘기했다고 하더라고요. 그니까 교장선생님은 자기는 하나도 책임이 없다는 거거든요. 근데 학생들 책임은 물론 인솔교사도 책임이 있지만, [교장선생님은] 학교[의] 장이잖아요. 그러면 본인한테 "앞이 안 보일 정도로 안개가 끼었다고 하는 어떻게 수학여행을 가라고 할 수 있느냐" 막 따져 물어도 자기는 책임이 없다는 거예요. 다 교감한테 떠넘기더라고요.

그니까 정부나 학교나 다 [우리같이] 없는 사람들한테 [책임을] 떠넘기고 자기들은 아무 잘못이 없다고 하고, "어쩔 수 없었다" 뭐 이런 얘기들만 하고 그런 게, 정말 그런 걸 하나하나 알아갈수록 더 분노스러웠던 것 같아요(한숨). 그 자리에서 보여주는 언론들의 행태나 이런 것들도 다 그랬던 것 같고.

면담자　　언론의 행태는 어떤 것을 말씀하시는지요?

혜선 엄마   언론도 뭐… "전원 구조" 그게 제일 큰 오보였잖아요. 다 구했다고 했으니까 [구조를 위해] 달려올 사람도 달려오질 않았을 거고, 정부도 조금은 안심을 했을 거 아니에요. 이렇게 배가 완전히 [바닷속으로] 들어갔다고 해도 저희는…, 저는 진짜 사흘 동안 기다렸어요. 사람이 살 수 있는 시간이 사흘이라 그래서, 들어갔다고 해도 에어포켓이 있다고 하니까, 그래서 진짜 뉴스만 뚫어져라 쳐다봤고 그랬는데, 언론은 전원 구조 오보를 내고 [해서] 달려올 사람이 안 달려왔고, 정부도 조금은 느슨하게 구조를 했을 거고, 처음 그 당시에는. 뭐 저는 체육관에 있었지만, 언론은 "헬기가 몇 대가 있고 배가 몇백 척이 있고, 헬기가 몇십 대가 날아다니고 몇백 명이 투입돼서 구조를 한다" 그런 뉴스만 계속 나왔어요, 뉴스에는.

근데 다른 가족들이 팽목에 있었잖아요. 애기 아빠도 사고 당시에 바지선까지 갔다 왔고, 배를 타고 배를 빌려서 들어갔다 왔고, 정부에서 대준 배를 타고. 가서 보니까 아무것도 없다고 하는데 뉴스에서는 계속 "몇백 명이 투입돼서 구조를 하고 있다" 그런 얘기를 하니까 국민들은 그런 얘기를 믿을 거 아니에요. 달려오고 싶은 사람들도 달려오질 않을 거고, 잠수부들이나 이런 사람들도. 그걸 보고 언론은 진짜 받아쓰기만 하는 언론이고, 사실을 보도하지 않는다는 걸 진짜 그때 알았어요. 그 전에 살면서는 뉴스[를] 보면 그게 다 진실인 줄 알고 살았거든요. 근데 그 당시에 애기 아빠가 보고 전화를 해주는데 "아무것도 없다. 구조하는 사람이 없다. 그냥 배만 이렇게 한두 대만 이렇게 빙빙 배 주위를 돌고 있다"고 하는데, 뉴스에서는 "몇백 명이 투입돼서 구조하고 있다"고 얘기가 나오는 거예요. 그걸 보고 그때부터는 정말 언론을 안 믿었어요, 얘기해도. [진상 규명 투쟁 당시] 저희가 현장 집회에 많이 돌아다니고 있었잖아요. 그때도 내가 그 자리에 있었는데도 언론에서는 [내가 보는 것과 상황이] 다르게 나오는 거예요. 그걸 보고 진짜 언론은 다 믿을 수가 없다는 걸 알았죠, 그 당시에.

면담자   잠수사들도 며칠이 지나서야 투입되었죠?

혜선 엄마   그렇죠, 사흘 뒤. 근데 정부는 당장 그다음 날부터 배를 몇백 척 투입을 했니, 헬기가 몇백 대, 몇십 대[가] 떠다니느니 이런 얘기를 많이 했잖아요. 근데 가족들이 배를 타고, 몇 번이나 타고 [침몰 해역에] 들어갔는데도 그런 거짓말들이 언론에 나오니까, 지금에 생각하면… (한숨 쉬며) 지금 와서 생각하면 (눈물을 글썽이며) 그때 언론들[을] 가만히 놔두면 안 됐는데…. 뭐 언론들 많이 혼내기도 했었죠, 가족들이 그 당시에도 "다 나가라"고 [하기도 하고]. 그때는 YTN이 그래도 그중에서 조금 진실되게 보도를 했던 것 같아요. "YTN만 남고 다 나가라" 가족들이 소리 지르고, 체육관에서 막 많이 싸웠어요, 언론들이랑. 언론의 힘이 대단하다는 것도 그때 알았고, 진실만 보도하지 않는다는 것도 그때 알았고.

면담자   체육관에 계실 때 정부기관에서 실종자 가족들을 사찰했다는 이야기도 있죠?

혜선 엄마   사찰도 많이 했죠. 저희는 이제 뭐 진짜 내 새끼 돌아오기만 기다리던 사람들이라 뭐가 뭔지 경황이 없잖아요, 체육관에서. 경황이 없는데 한번은 "저 사람이 경찰이다!" 가족들이 소리를 질렀어요. 저는 막 아프고 정신이 없고 그래서 그냥 있었는데, "경찰이다!" 그래서 그 사람을 잡아서 앞에 끌고 나왔어요, 어떤 가족이. "왜 경찰이 [여기 있]냐?" 물었더니 뭐를 막 보고를 하고 있더래요, 전화기를 들고. 가족이 지나가다가 들으니까 보고하는 그런 느낌이 들어서 전화기를 뺏어서 들어봤다고 그러더라고요. 그랬더니 경찰이 상관[에게]인지 보고를 하고 있다고 하더라고요. 그거를 다 알고 그 사람을 잡아 왔는데도 이 사람은 잡아떼는 거죠. 근데 나중에는 경찰이라고 밝혀졌어요. 그니까 우리 사이사이에 사복경찰들이 얼마나 많았을 건지, 지금 생각하면….

　지금은 저희들이 집회 현장에 나가고 하면 저 사람은 사복경찰이고 하는 게 눈에 딱 띄거든요? [그런데] 그 당시에는 그런 걸 몰랐으니까. 그렇게 할 거라고는 생각도 못 했죠, 사찰을 할 거라고는…. 그랬는데 그 경찰이 잡히는 걸 보고 '아, 이 중에도 사복경찰이 많겠구나. 우리 동향을 다 보고하고, 가족들이 많이 흥분하지 않게 그렇게 뭐 하려는 그런 경찰들도 있고, 그런 인력을 심어놨겠구나' 그런 생각이 많이 들었어요. 저는 뭐 핸드폰이 털리거나 뭐 그런 거는 없었는데요, 다른 가족들은 뭐 핸드폰도 많이 털리고.

면담자　　그런 일도 있었습니까?

혜선 엄마　　카톡[카카오톡]도 다 날아가고 그랬잖아요, 저희는. 저는 그런 게 없었고 [한데] 16일 날 [아이와] 문자를] 주고받은 게 사라진 부모님들이 되게 많아요, 문자가. 저는 이제 혜선이랑 주고받은 게 없어서 그런지 16일 날 [카톡 내용이] 사라지진 않았더라고요. 부모님들이 "그날 있었던 기록들이 싹 날라갔다"고 그러더라고요. 근데 저는 없으니까 안 그랬겠죠?

면담자   체육관에 계시는 동안에 몸도 마음도 많이 힘드셨겠어요.

혜선 엄마   그렇죠.

면담자   계실 때는 이불 정도는 받고 지내셨던 거죠?

혜선 엄마   예, 이불 있었고, 정말 밥도 안 넘어가고…. 그날[16일] 아침도 안 먹고 그러고 있었거든요, 집에서. 그랬는데 이제 내려가고 그러니까 밥을 못 먹잖아요. 밥도 못 먹고 물도 안 넘어가고 그렇게 있었고, 정말 이렇게… 혜선이가 왔다는 그 소식만 기다리고 있으니까, 사흘 동안… 먹는 거는 둘째 치고, 그게 막 '빨리 돌아와야 된다, 돌아와야 된다' [하며] 기다리는 그 순간이 너무 힘들고, 생존자 명단 있는 거 보고 그런 것 자체가 너무 힘든 거예요. 이제 사흘을 어떻게 어떻게 버텼는데, 사흘을 지나고 나서는 정부의 그 행태가 너무 분노스러운 거예요. 이제 사흘째 되는 날, 그 순간에 그 생각이 '정부가 하는 게 너무 없구나', '아무것도 하는 게 없다' 그 생각이 막 이렇게 파도가 밀려오듯이 그 생각이 확 밀려오는 거예요, 사흘째 되는 날.

사흘이 사람이 [선내에서] 견딜 수 있는 시간이라고 하는데, 사흘 동안 이렇게 생존 소식이 없으니까, '사흘이 지나가면 내 새끼가 못 돌아올 수도 있겠다' 그 생각을 하는데, 정부가 정말 하는 게 아무것도 없다는 생각이 확 밀려드니까 혈압이 확 올랐었나 봐요. 그래 가지고 머리가 터지는 것 같더라고요. 이제 그래 가지고 쓰러지진 않았지만 의료진이 와서 막 혈압을 재고 했는데, 혈압이 너무 갑자기, 제가 원래 저혈압인데 혈압이 너무 많이 올라간 거예요. 혈압강하제[를] 먹고 그러면서 버텼어요. 그 혈압이 지금까지도 안 떨어지는데…, 원래 100도 안 되는 혈압인데 지금 많이 올라가 있어요. 사흘이…, 저는 진짜 '사흘이 지나면 내 새끼가 못 돌아올 수도 있다'는 생각을 하고 기다리는데, 정부가 너무 아무것도 안 하니까, 그래서 그때 그 감정들이 밀려왔던 것 같아요.

7
일주일 만에 돌아온 혜선이

혜선 엄마　　　사흘이 지나고도…, 그래도 또 사람이 살면서 또 기적이라는 게 있으니까…. 또 그때 언론에서 "일본에서 일주일을 버텼다"고, "일본에서 배가 바다에 가라앉았는데 일주일을 버텼는데 그 사람을 구출했다" 그런 기사가 하나 나왔었어요, 그 당시에. 그래 가지고 '일주일을 또 기다려보자' 해서, 또 사람 마음이 간사하게 사흘이면 못 버틴다고 하는데, 그래도 또 '내 새끼는 일주일 버텨줄 수 있지 않겠냐' 그런 생각에 일주일을 또 기다린 거예요, 설마설마하면서. 그 당시에는 사흘 정도 되면서 잠수부가 들어가서 아이들을 하나둘씩 데리고 나왔잖아요. 그 명단에 혜선이 이름이 안 불리기를 정말 기다렸어요, 정말 바랐어요. 기다린 게 아니라…, 아이들이 죽음으로 돌아오는 그 명단에… (눈물을 글썽이며) 혜선이 이름이 안 불리기를… 정말…, 마음으로만 다니는 교회데… 신한테 정말 기도를 많이 했어요, 혜선이 이름 안 나오게 해달라고…. 정말 많이 기도를 하고…, 일주일까지도 그 명단에 혜선이 이름이 없기를 바랬는데, 일주일 정도 다 돼가니까 기적이라는 게 있기는 하지만 '여학생이고 18살밖에 안 됐는데 일주일을 버틸 수 있겠냐. [새로운 구명조끼 발명에 대해 이야기했었던] 혜선이 말대로 저체온증에 걸리면 못 버틴다는데' [하는 생각이 들더라고요].

한 6일쯤 지나니까 '못 찾으면 어떡할까' 이런 생각이 막 드는 거예요, 조급해지는 거야. 명단에 없었으면 좋겠다는 생각이[었는데] 이제는 혜선이가 불리기를 기다리는 거예요, 한 6일째 되니까, 못 찾으면 안 되니까. '혜선이가 그렇게라도 나한테 돌아왔으면 좋겠다' [라는 생각이 들기 시작했어요], 6일째 되는 날부터는. 정말 혜선이 이름이 없을까 봐 마음이 조마조마한 거예요. 근데 7일째 되는 날 혜선이가, 혜선이 이름이 나왔죠…. (울음을 터트리며) 체육관에 큰 화면에 혜선이 이름이 떴는데, 그 먼저 번에도 혜선이 이름이 떴었나봐요. 근데 제가 못 봤나 봐요. 계속 보고 있었는데도 가족들도 같이 있었는데 못 보고 그랬나 봐요.

[수습자 인상착의를 알려주는 화면에] 학생증이라고 딱 나왔더라고요. 근데 다른 부모님들이 보니까 [학생증이 아니라] 주민등록증으로 나왔다고 그러더라고요, 처음에 화면에 나올 때. 그때는 반별로 [부모들이] 모여서 몇 번 얘기도 하고 그랬거든요, 며칠 지나고 나서부터는. 혜선이 이름이 나오니깐 "이거 주민등록증[이] 아니고 학생증 아니냐" 그래서 부모님이 고쳐달라고 요구해서 학생증이라고 나왔

던 것 같아요. 지금 저도 생각이[기억이] 가물가물한데 저도 주민등록증이라고 봤는지, 그거는 확실하게 생각이 안 나요, 경황이 없어서. 그래서 제가 가서 물어봤어요, 그쪽에 거기 안내하는 거기에 가서. "이게 우리 혜선이가 맞는지 확인을 해달라. 학생증이 아니고 주민등록증이라고 적혀 있으니까" [하고] 제가 물어봤겠죠? "혜선이 머리 모양은 이렇고, 앞머리도 잘랐다. 머리는 길고, 앞머리는 잘랐다. 그리고 신체 어느 어느 부위에 이런 특징이 있다. 그건 누가 봐도 알 수 있는 특징이다" 그렇게 얘기를 했는데, 그래서 그 사람이 좀 기다려보라고 하더라고요. 그래서 기다렸어요. 그쪽에 연락을 해서 혜선이를 확인을 했는데 그런 특징이 없다고 하는 거예요. 그건 누가 봐도 알 수 있는 특징이거든요. 머리도, 앞머리를 여학생들이 이렇게 (눈썹과 평행하게 손을 움직이며 가위질하는 시늉을 하며) 많이 짜르잖아요. 이렇게만 (손가락으로 앞머리를 잡아서 눈 쪽으로 끌어 내리며) 만져봐도 알 수 있는 머리잖아요. [그런데] 그것도 확인을 못 하겠다는 거예요. "아니, 요렇게 짧은 머리를 왜 확인을 못 하냐"고, 그때는 정말 많이 울면서 그 사람들하고 옥신각신했는데 그러면 "이렇게 짧은 머리도 확인을 못 하면 신체 특징을 다시 한번 봐달라" 그래 가지고 재차 얘기를 했는데도 그래도 확인을 못 하겠다는 거예요, 정말로 어이가 없고, 이 사람들이.

면담자   확인을 못 하는 이유가 다른 게 있었어요?

혜선 엄마   봤는데 못 찾겠다는 거예요. (목소리를 높이며) "그거는 누가 봐도 찾을 수 있는 특징이다!" 했는데도 못 찾겠다는 거예요.

정말 이 사람들이 내 아이를 보고 얘기를 하는 건지, 아니면 그냥 시간만 조금 지체했다고 하고 못 찾겠다고 하는 건지 정말 의심이 나는 거예요. 모를 수가 없거든요. 모를 수가 없는데 모르겠다고 하니까, 애기 아빠보고 "일단 가자. 일단 팽목으로 가보자" [하고] 짐은 체육관에 다 놔둔 채로 애기 아빠를 불렀어요. 그땐 애기 아빠가 체육관에 있었던 거 같아요. 둘이 이제 팽목을 갔어요. 거기 팽목에 가서도 한⋯ 한참 기다렸던 것 같아요.

바지선에 아이를 데려다 올려다 놓고 나서 신상[정보가] 왔던 것 같아요. 바다에서 팽목항까지 오는 데도 시간이 꽤 걸렸던 것 같아요. 거기[바지선]에서 이제 혜선이가 맞는지 안 맞는지 모르니까 한두어 시간 정도 기다렸던 것 같아요. 3시 정도에 혜선이를 만났던 것 같은데, 확인을 하러 딱 들어갔는데 혜선이인 거예요. 그렇게 일주일 만에 혜선이가 돌아온 거예요. (눈물을 글썽이며) 근데 내가 봐도, 내가 얘기해 준 특징이⋯ 몰라, 부모라서 그게 보이는지는 모르겠지만 누가 봐도 다 알 수 있는 건데 모른다고 하니까, 그때부터 정부에 대한 불신이 이렇게 더 많이 생겼던 것 같아요. 뭐 구조 현장도 그렇지만 '이런 거 하나도 제대로 파악을 못 하면 그동안 아이들 구조에 얼마나 힘을 썼겠느냐' 그런 생각이 들고, '남은 아이도 어떻게 구조해서 부모를 찾아줄 거냐' 이런 생각도 들고⋯. 지금 생각해 보니까 그때 정부에 대한 불신이 그때부터 더 많이 쌓여갔던 것 같아요.

면담자 혜선이가 몇 번째로 나온 겁니까?

혜선 엄마 혜선이가 106번째로 왔는데, 그때는 경황이 없어서 뭐 숫자를 매겼어도 아무 말도 안 했는데, 지금 생각해 보면 왜 사람한테 숫자를 매기는지 모르겠어요. 그냥 이름을 하든지 뭐, 어떤 다른 걸 해줬어도 좋았을 텐데, 사람이 물건도 아니고 번호를 매겨서 몇 번, 몇 번 이렇게 한다는 게, 지금 생각하면 아무튼…….

8
안산으로 돌아오는 길

면담자   혜선이를 데리고 안산으로는 어떻게 올라오셨습니까?

혜선 엄마   혜선이를 거기서 만나고, 이제 목포병원으로 먼저 옮겼어요. [그 전에] 저희가 부모들이 체육관에 있으면서 DNA 검사를 했어요. DNA 검사를 "여자[아이]는 엄마가 하고, 남자아이는 아빠들이 해라. 그래야 DNA 검사가 더 확실하다" 그래서 제가 DNA 검사를 해놓고…. 체육관에 있으면서 정부하고 많이 싸웠어요, DNA 검사 하는 것도. "내 새끼 내가 찾는데 왜 우리가 이런 거까지 해야 되느냐"고. 근데 정부는 "더 빨리 찾기 위해서다" 이랬는데 그 얘기가 나오고 한참 동안 DNA 검사를 안 했어요. 나중에 6일, 7일이 돼가니까 마음이… [혜선이가] 못 돌아올까 봐 걱정이 되니까 그거를 또 했어요.

그 DNA 검사랑, 이제 혜선이 또 이렇게… 혜선이를 확인을 했지만 또 검사를 한다고 하더라고요. 목포[에] 가서 다 검사하고, 저희도 목포병원으로 가서 혜선이를 목포병원에서 확인하고 이제 혜선이를 데리고 안산으로 올라오게 된 거죠. 근데 그 사람들이 정말, 아이를 안산으로 데려오는 것도 너무 허술하게 [했어요]. 아무리 주검으로 돌아온 아이지만 신경을 좀 썼어야 한다고 생각을 하거든요, 정부가. 그날이 그 4월, 그때가 굉장히 춥기도 했지만 굉장히 덥기도 했어요, 밤에는 춥고 낮에는 날씨가 왔다 갔다 해서. 혜선이가 나왔던 날도 굉장히 더웠어요, 그날은. 4월인데도 추워서 잠바를 껴입을 때도 있었지만, 더워서 애를 먹은 적도 있고 그러는데, 혜선이를 팽목에서 봤을 때는 제가 안고 이제 많이 울고… 일어나라고 울고 그랬지만…, 이게 만져도 아무 변함이 없었어요, 아이가. 아이가 변함이 없었는데, 목포병원에 가서 혜선이를 또 확인을 했어요. 확인을 했는데 벌써 아이가… 이렇게 얼굴색이 많이 변했더라고요. 거기서 1시간 반인가 걸리거든요, 목포가? 1시간 반 정도 걸리는데 아이 얼굴이 벌써 파랗게 변하고, 팽목에서 봤던 거랑 또 너무 다르더라고요. 날씨가 더우니까, 또 바다에서 나왔으니까 또 진행이 빨리 될 거 아니에요. 빨리 진행이 되고 많이 변했는데, 그래도 목포에서는 아이를 만져볼 수 있었고 안아볼 수 있었어요. 그러고 나서 119[응급차]를 타고 안산에 온 거예요. 119를 타고 안산에 왔는데 애가 너무 많이 변했어요. 만질 수조차 없었어요, 안산에 왔을 때는. 그니까 지금 생각하면 장례 전문으로 하는 장례차에는 온습도 조절이 되잖아요? 그런 차를 해줬어야 하는데….

면담자　　　앰뷸런스를 타고 오셨군요.

혜선 엄마　　예, 119를 타고 그냥 왔으니까 아이가 많이 상한 거죠. 우리 혜선이[가 수습된] 다음 날부터 장례차가 있었다고 들었거든요. 그럼 일주일이나 되는 시간 동안 정부는 뭐 했냐고요. 그런 것도 일주일 되는 시간에 그것도 준비도 못 하고, 바다에서 나오는 애들이 얼마나 상할지, 전문가들이 얼마나 많은데 그런 것도 생각도 못하고 방치하고 있다가 일주일이 지난 다음에야 그렇게 해서… 안산에[서] 혜선이를 딱…, 이제 안산에 와서 내려서 혜선이를 보는데 정말 마지막으로 본다 생각을 하니까……, 마음도 아프고 너무 안아보고 싶어서 안고 얼굴을 만지려고 하는데… (울음을 터트리며) 얼굴이 손을 댈 수가 없는 거예요. 목포에서는 그래도…, 이렇게 아이가 많이 변하기는 했지만 얼굴 색깔이 그래도 [괜찮았는데](침묵). 〈비공개〉

아이들이 그렇게 상했는데 정부는 일주일이 되는 동안 어떻게 하면 아이들이 덜 상하게 해서 데리고 올 수 있는 방법을 찾았어야 하는데 일주일 동안 그걸 찾지도 않고, 아이들이 다 상한 모습으로 안산으로 돌아오게, 자기 집이 있는 고향으로 그런 모습으로 돌아오게… (울음을 터트리며) 그냥 놔뒀는지…, 정부에 대한 그 뭐 분노랄까, 미움이랄까 그런 게 더 점점 커졌죠. 그게 입관하기 전에 혜선이를 마지막[으로] 본 모습이었어요. 그게 그때 애기 아빠는 자기 차를 가지고 올라와야 하니까 애기 아빠는 자기 차를 타고 올라왔거든요.

면담자   어머님께서 혜선이와 함께 앰뷸런스를 타고 오셨고요.

혜선 엄마   예. 〈비공개〉 '[아이가] 주검으로 돌아왔어도 온전한 모습으로 왔는데, 정부에서 그렇게 방치하는 바람에 내 아이가 죽어서까지 이렇게 변해야 되는구나' 생각을 하니까…, 너무 억울하고 분

하고…. (눈물을 글썽이며) 그 모습이 지금도 떠나지를 않고 혜선이 사진만 쳐다봐도 자꾸 그 생각이 나가지고 너무 힘들어요, 지금도 그게. 〈비공개〉

이제 혜선이를 데려다 놓고 장례를, 혜선이[가] 올라왔을 때도 정부에서 정말 일 처리를 못하는 게, 목포에서 물어봤어요. "우리가 어디로 가면 되냐. 아이들이 한 번에 이렇게 많이 돌아와서 식장도, 장례식장도 없을 거 아니냐. 이제 우리가 어디로 가면 우리 아이를 보내줄 수 있겠느냐?" 물어봤더니, 고대병원에 자리가 있다고 해서 올라가라고 [하더라고요], 안산 고대병원에. 그래서 그 말만 믿고 저희는 올라왔어요. 올라왔는데 오니까 자리가 없는 거예요. 그 사람들은 그런 거 하나도 챙기지도 못하고, 경황없는 우리 부모들이 그런 걸 다 알아서 해야겠냐고요. 올라왔는데 자리가 없어서 그냥 영안실에다가 그냥… 영안실에만 넣어놓고 "여기서 안 할 거면 다른 병원에 가라"는 거예요, 우리보고. 근데 아이를 영안실에 벌써 안치를 해놨는데 거기서 또 빼가지고 또 119를 불러서 또 타고 또 다른 병원으로 옮겨야 되잖아요? 정말 그러기는 싫더라고요, '이렇게 아이가 가서까지도 고생을 해야 하나' 싶은 게…. 그래 가지고 "그럼 우리가 자리가 날 때까지 기다리겠다"[라고 했지요]. 뭐 교육부에 항의도 하고 했는데 그게 어쩔 수 없고, 그럼 다른 병원으로 알아봐 주겠다 했는데, 저희가 안 옮기겠다고 했으니까…. 그래서 저희가 이틀을 기다려서 장례를 치렀어요. (면담자 : 이틀을?) 예, 저희가 아이를 안치해 놓고, 또 그 2층 복도에 소파가 있더라고요. 거기에서 또 이틀 밤을 그냥 샜어요, 저희가 이틀 밤을 새고….

면담자   장례식장에 공간이 없었던 거네요?

혜선 엄마   예, 식장 공간이 아이들이 한꺼번에 돌아오다 보니까 공간이 없어서 그래서 2층 소파에서 이틀을 기다렸다가 그리고 이제 아이를 보내줬어요, 거기서. 그런 거 하나하나 보면서 정부가 너무 주먹구구식으로…, '아이들 구조도 마찬가지고, 보내주는 것까지도 이렇게 하는구나' 그때 많이 알았죠(울음).

면담자   혜선이가 올라왔을 때 정부합동분향소도 설치된 상태였나요?

혜선 엄마   예, 혜선이가 일주일 정도에 돌아왔으니까 그때는 [정부합동분향소가] 이미 [안산]올림픽기념관에 있을 때였거든요.

면담자   여기가 아니고요?

혜선 엄마   예, 올림픽기념관에서 있을 때였고, 혜선이가 오고 며칠 있다가 이쪽으로[화랑유원지로] 온 것 같아요. 혜선이를 장례 치르고 올림픽기념관에 영정 사진을 갖다 놓고 다시 이쪽으로 옮겼어요, 며칠 있다가.

면담자   처음에는 희생자들 영정이 모두 올림픽기념관에 있었습니까?

혜선 엄마   예, 올림픽기념관에. 그때는 이걸[정부합동분향소] 지을 시간이 없어서 그랬겠죠? 일단 올림픽기념관에, 단원고 앞에 있는 올림픽기념관에 거기다 애들 영정 사진을 놔뒀다가 그다음에 며칠 있다가 이쪽으로…. 이쪽으로 옮기고 나서 박근혜[가] 왔다 갔죠,

와가지고 연출하고. 아니라고는 하지만 누가 봐도 연출인데…, 그 시기에 그 마음으로 박근혜하고 악수하고 싶은 사람이 누가 있겠어요? 근데 박근혜 앞에까지 찾아가 가지고 악수하고 그럴 사람이 어딨겠어요. 근데 대통령이라는 사람이 나타나 가지고 이렇게 연출이나 하고…, 정말 용서할 수 없는 사람이에요.

9
살가웠던 둘째 딸

면담자   혜선이를 데려오고도 장례 때문에도 또 마음고생이 심하셨겠네요.

혜선 엄마   그러니까요. 우리 혜선이가 정말로 지금 생각해도 너무 고생만 하다 가가지고… (눈물을 글썽이며) 그게 너무 마음이 아파요. 〈비공개〉 혜선이가 4살 때 제가 직장생활을 시작을 해서, 도저히 처음에는…, 처음부터 언니가 돌봐준 건 아니고, 언니도 너무 어리니까 못 돌봐줄 것 같아 가지고 시댁에 혜선이를 맡겼어요, 그땐 어머님이 정정하서 가지고.

면담자   구미에요?

혜선 엄마   예, 구미에 혜선이를 맡겼는데 자꾸 눈앞이 어른거려서 도저히 안 되겠는 거예요. 아이를 떼놓고는 도저히 안 되겠는 거야. 그래 가지고 혜선이를 데리러 갔어요. 보름 만에 데리러 갔어요. 데리러 가니까 얘가 엄마를 몰라보는 거야, 4살 때니까. 4살 때니까 엄마를 몰라보고 안 오는 거예요. 엄마가 오라고 해도 큰엄마한테 가가지고 딱 붙어 있는 거야. 몇 시간 지나니까 이제 알아보고 오더라고요. 그래 가지고 다시 보름 만에 데리고 와서 언니가 데리고 다니면서…, 그렇게 자기도 고생길이 시작이 된 거죠. 혜선이도 많이 고생했어요, 유치원 다니면서도.

무슨 일이 있었냐면, 혜선이가 6살 땐가 장염이 심하게 걸렸어요. 장염이 심하게 걸려가지고 계속 설사하고 그랬는데 저는 이제 출근을 해야 하니까, 그럼 애기 아빠보고 "둘 중에 하나가 회사를 가지 말자. 애가 이렇게 아픈데 어떻게 회사를 가냐"[라고 했어요]. 그때 보통 보면 엄마들이 집안에 무슨 대소사가 있을 때 월차도 쓰고 연차도 쓰고 하잖아요. 저는 다 쓴 상태여 가지고 애기 아빠는 그런 걸 자유롭게 할 수 있으니까 "자기는 일만 지시해 놓고 오면 되니까 당신이 쉬어라. 당신이 쉬고 혜선이를 봐라" 그랬는데[그랬더니, 애기 아빠가] "알았다" 하고 자기가 안 갔어요[안 가기로 했어요].

본인이 혜선이를 데리고 "병원 다녀오고 하루 돌봐주겠다" 하고 [해서], [저는] 회사를 가서 마음 탁 놓고 일을 하고 왔네요. 왔는데 어머, 애가 집에 없는 거예요, 갔다 오니까. 그래서 걱정이 돼서 일찍 왔어요, 그날은. [회사에서] 너무 늦게 안 있고 왔는데 애가 없는 거야. 전화를 했더니 애를 유치원에 데려다 놓고 자기도 회사를 갔다는 거예요, 설사를 그렇게 하는 애를. "병원 가서 약 사가지고 먹이고 유치원에 데려다 놨다"는 거야. 화가 얼마나 났던지, 그때는. 그 어린 것을, 설사하는 애를 거기서 유치원에서 정성껏 돌봐주겠냐고, 부모만큼 죽이라도 끓여서 주겠냐고[요], 밥을 먹으면 안 되는데 장염에 걸렸으니까. 근데 그런 애를, 아빠들은 정말 무신경한 것 같아요, 그런 거 보면. 자식에 대한, 뭐 자식 사랑한다 사랑한다 해도 그래도 엄마만큼은 아닌 것 같아. 그런 애를 데려다 놓고 회사를 갔더라고….

그러면서…, 고생을 정말 많이 했어요, 혜선이가. 엄마 손을 많이 못 탔죠. 크면서는 저 혼자 크고, 어릴 때는 언니 손에 크고, 그게 지금 너무 마음에 아파요. 먹고살겠다고 어릴 때부터 너무 일찍 떼어놔 가지고. (눈물을 글썽이며) 못 해준 게 너무 많아요. 회사 다니면서도 혜선이가 성격이 막 활달하고 그러니까, [제가] 혜선이하고 성격이 잘 맞아요 큰애보다는. 큰애는 좀 얌전한 편이고…. 제가 혜선이하고 성격이, 또 [제 성격이] 내성적이지만 또 비슷한 면이 많아요. 친구같이 지내고 서로 막 고민 같은 것도 털어놓고 그러는데, 학교가 있으면 제가 월차를 내거나 연차를 내거나 그러면 혜선이 쉬는 시간을 맞춰요, 제가. 일부러 맞춰서 문자도 보내보고 전화도 보내보고 그러면 정말 너무 반갑게 막 문자 답장도 오고…, "엄마 거기 잠깐만 기다려!" 이러고.

일부러 학교 앞을 지나가면 막 일부러 문자를 보내봐요. 혜선이를 한번 볼 수 있나 없나 문자를 보내면 나와요. 시간 맞춰서 외출중을 끊어서라도 나와요. 그렇게 정말 친구같이 살갑게 지냈는데, 그런 아이가 없으니까…, 아무것도 없는 것 같아요, 이 세상에. 큰애가 옆에 있긴 하지만, 있는 사람은 있는 사람이고…, 그냥 세상에 남은 게 아무것도 없는 것 같아요. 길에서 우연히 만나도 그렇게 반갑게 맞아주고, 맨날 집에서 보는 엄만데도 만나면 너무 반가워하는 거예요. 그러니까 일부러 학교 앞을 지날 때면 한 번 더 문자를 보내보고, 점심시간이면 전화해 보고, 그럼 막 친구들 데리고 우르르 나와요, 외출중 끊어서. "엄마, 나 맛있는 거 사줘!" 하면서 나오고 그래요. 그게 또 너무 좋은 거예요, 부모로서, 엄마로서. 아이가 그렇게 반갑게 맞아주고 하니까 너무 좋아서 일부러 많이 그랬던 것 같아요, 학교 다닐 때. 중학교도 멀리 있었어도 일부러 그 앞에까지 가서 불러내고…, 음… 많이 그랬죠(침묵).

면담자　　　혹시 혈압약을 요즘도 드시나요?

혜선 엄마　　아니 지금은 그 경계선에 있어요. 지금은 경계선에 있어서 약은 안 먹고 그러는데 머리가 항상 아프기는 해요. 근데 애 아빠는 혈압약을 먹어라 먹어라 하는데, 저는 원래 100이 안 되던 혈압이 올랐으니까 좀 머리가 힘든 것 같기는 해요.

면담자　　　원래 저혈압이셨는데?

혜선 엄마　　예, 저혈압이라고 해서 의사가 조심하라 그랬는데 지금 고혈압 단계까지 간 거죠. 머리가 항상 터질 것 같고 아프기는 한데, 그냥 뭐 이 정도도 못 견디겠나…. 안산에 그때 이제 혜선이를 찾아서 돌아오고 나서도, 병원 가서 머리가 부풀어 올라가지고 가라앉지가 않는 거예요. 그때 혈압이 훅 올랐을 때 머리가 부풀어 올랐었어요. 그래서 진도에서 있을 때 군의관이 "[병원에] 가봐야 한다"고, 머리가 안 가라앉으니까. (머리 오른쪽 윗부분을 만지며) 부풀어 올랐었어요, 두피가 위로. 그래서 군의관이 "[그냥 둬서는] 안 된다"[라고 그랬는데], "아, 필요 없다. 애도 못 돌아왔는데 뭔 병원을 가냐"

고 화를 냈는데, 그래도 안 된다 안 된다 해서 병원을 갔어요. 거기서 CT를 찍어봐도 이상은 발견을 못 했어요. 그래서 안산에 와서 한참을 있다가 계속 가라앉지도 않고 머리가 계속 터질 것 같고 그래서 갔는데 찍어도 이상은 없다는데, [원인이] 심리적인 거라고 얘기를 하죠. 심리적인 거고 스트레스를 받아서 그렇다고 얘기는 하는데 지금은 많이 가라앉았어요. 그래도 그 부위가 평상시에는 잘 모르는데 울분에 북받치고 분노하고 울고 그러면 부풀었던 자리가 막 이렇게 부풀어 오른 것 같이, 터지는 것 같이 그래요.

면담자   지금도 그렇습니까?

혜선 엄마   예, 지금도 울면, 이렇게 지금 막 이렇게 울어도 (머리 오른쪽 윗부분을 가리키며) 여기가 느껴지거든요, 부풀었던 자리가, 근데 의학적으로는 이상이 없다고 하니까…. 지금도 병원 가면 여기가 막 터지는 것 같거든요, 울면은. 안 울면 되는데 또 안 울고 살 수도 없으니까, 이 정도도 못 견디면 뭐 부모도 아니니까…. 그래서 병원 가서 의사가 약도 주고 그랬는데도 약을 안 먹게 되더라고요. '이런 거 먹어서 뭐 하나' 싶고… '뭐 이대로 살다가 가지, 뭐' 그런 생각도 들고, '빨리 가면 더 좋지' 이런 생각도 들고…. 그래서 약도 안 먹고 그랬어요(침묵).

면담자   큰따님은 청주에 계속 있습니까?

혜선 엄마   아니요, 이제 학기가 끝나서 지금은 집에 와 있어요. 큰아이는 그냥 맏이라 믿음직하다는 거? 장녀라서 그런지 조용해요. 그냥 집에 있는지 없는지 모를 정도로 그냥 조용하고요. 혜선이가 있어야 집이 좀 시끌벅적하고 그래도 웃음소리도 나고 [하는데] 근데 혜선이가 없으니까 집이 너무 조용하고, 말 걸어주는 사람도 없고 그래요. 우리 혜선이는 살가운 성격이라 제가 아플 때도 진짜 간호를 잘해주거든요. 딸들이 다 그렇지만, 저는 또 딸이 둘이니까, 큰아이는 좀 그냥 믿음직하고 그냥 옆에 있으면 든든하고 그런 성격이고, 작은아이가 좀 살갑고 적극적인 성격이라….

　　제가 머리가 아파 가지고, 머리가 원래 좀 많이 아픈 편이었는데…, 자주 아프진 않지만 한번 아프면 진통제를 먹어도 잘 안 들어요. 눈까지 같이 아파요, 머리가 아프면. 두통이 1년에 한두 번 정도 이렇게 심하게 아플 때가 있어요. 아프다고 막 그러면 제가 진통제도 안 들으니까 수건에다가 물을 적셔가지고 꽉 짜가지고 갖다가 얹어주고 그랬거든요. 그게 오히려 더 잘 들더라고요, 저는. 그러면서 막 가족들한테 화를 내요, 혜선이가. 엄마가 아픈데 아무도 이런 것도 안 해주고 있다고. "엄마 아프잖아!" 그러면서 아빠한테도 화를 내요, 안 해준다고. 아빠는 경상도 사람이라고 또 이런 잔정 같은 게 없으니까, 자기가 막 화를 내면서 갖다가 해주고 그런 성격이었어요. 제가 수술을 하고 병원에 있을 때도….

면담자　　　수술을 하셨습니까?

혜선 엄마　　　예, 혜선이가 중학생 때 제가 수술을 한 번 했는데, 보호자가 없어도 되지만 그래도 있어야 되는 저기였거든요. 애 아빠는 그런 걸 워낙 못 하는 성격이라 아빠가 못 와 있고 혜선이가 언니랑, "언니 너도 와야 해" 그러고 언니를 데리고 병원을 왔어요. 그래서 하룻밤을 묵고 병원에서 나왔는데, 수술한 사람들이 밤에 마취가 깨면 고생을 하잖아요. 언니는 몇 시간 있다가 집을 가고, 언니는 고등학생이었으니까 공부해야 하니까…. "언니는, 너는 가" 이래 놓고 자기가 옆에 있으면서 [제가] 막 마취가 깨면서 구토하고 막 이랬는데 그걸 다 받아내 주고…, 속이 막 울렁거리니까, 마취약 때문에 먹지를 못하니까, 병원에서 나온 거 이런 걸 못 먹으니까 자기가 병원 밖에 나가서 엄마가 평상시에 좋아하던 거, 엄마가 먹을 만한 거를 막 사가지고 오더라고요. 그래서 이것도 먹어보고 저것도 먹어보라고, 그래야 견딘다고 그러면서 바나나도 사 오고, 새콤한 거 먹으면 덜 울렁거린다고 요구르트 사 오고 막 여러 가지를 사 왔더라고요. 그러면서 밤새 간호도 해주고 그랬어요. 살가운 아이였죠. 지금은 아파도 아프다고 말할 사람이 없네요. 혜선이가 있어야, 혜선이 반응이 또 좋으니까, 엄마개 조금만 아파도 "엄마, 어디 아파? 병원 가야지" 그러면서 막 약 챙겨다 주고 그런 게…. 또 그 반응을 보려고 또 조금만 아파도 아프다고 그러고 그랬는데, 지금은…….

10
기억저장소에 참여하게 된 이유

면담자 　　오늘 여쭤볼 내용은 거의 다 여쭤본 것 같은데요. 추가적으로 한 가지만 더 여쭐게요. 지금 4·16기억저장소에서 가족운영위원으로 활동하고 계신데, 동기는 뭐였습니까?

혜선 엄마　　동기는…, 기억저장소가 생긴 지 오래됐잖아요. 오래 됐는데 그동안은 잘 몰랐어요, 기억저장소라는 건. 솔직히 생각에 아이들 유품 정리해서 보관하고 뭐 그 정도밖에 몰랐던 것 같아요, 당시에는. 그 전에는 저희가 안산에 집중을 하지 못하고 밖으로만 돌았으니까 기억저장소[가] 생긴다는 얘기는 듣고 알고는 있었는데, 뭐 딱히 이게 '뭐 하는 데다' 그거는 모르고 [있었어요]. 그때 당시에 설명을 듣기에는 "모든 자료를 종합을 해서, 혜선이 이름 딱 치면 혜 선이에 대한 모든 자료가 나온다, 한눈에 볼 수 있다. 그렇게 자료를 만들어서 나중에 추모 공원이 생기면 거기에 그런 시스템을 만들어 놓을 거다. 그럼 보고 싶을 때 혜선이 이름[을] 탁 치면 모든 자료가 나온다. 그걸 만들기 위해서 기억저장소를 만든다" 이렇게만 알고 있었어요, 아이들 유품[을] 보관하고. 그래서 그때 저장소 전시관에 물품[을] 보관하는 게 있는데, 그렇게 한다니까 혜선이 물품은 하나 갖다 넣어놨었어요.

　그 정도밖에 몰랐는데 이제 이번에 들어가게 된 거죠, 운영위원 으로. 아무것도 모르고 들어간 거죠(웃음). 그랬는데 도언 엄마가, 우리 소장님이 같이 일해보자고 전화가 왔어요. 기억저장소라 하면 뭐 여러 가지 일을 해야 될 것 같은 그런 생각이 드는 거예요. 뭐 자 료수집도 해야 할 거 아니에요. 그런 자료를 만들려면, 제가 뭐 회사 만 다니다가, 또 주부로만 있다가 뭐 할 수 있는 게 있겠어요? 그런 쪽에 일도 안 해봤고 그래서 "아, 나는 할 줄 아는 게 없다. 그냥 몸 으로 때우는 거, 이런 데 막 쫓아다니는 것밖에 못 한다" 그랬더니 와서 다 배우면 된다고 같이하자고 하더라고요. 그래서 일단 뛰어들

게 됐어요. 지금은 기억저장소가 정말 중요하다는 것을 알게 됐고요. 아이들 유품이나 시민들이 보내준 고마운 마음[을 담은 기록들]이나 이런 걸 이제 보관하고, 기록 보존하고, 나중에 그걸 또 활용해서 국민들한테 많이 알리고 해야 한다는 것도 이제 알고, 지금 이제 중요하다는 것을 알게 됐죠. 그래서 이제 뭐 하나라도 더 배우려고 노력은 하고 있는데, 잘 안됩니다(웃음). 잘 안되고, 쫓아가기가 벅차고, 그래도 이제 열심히 배워보려고 노력하고 있어요.

면담자   앞으로 기억저장소가 잘 운영이 돼서 많은 사람들에게 올바른 기억의 장이 되려면 어떤 방향으로 나아가야 한다고 생각하십니까?

혜선 엄마   아니, 너무 어려운 걸 물어보시는데? 이거는 우리 소장님한테 질문해야 할 건데요?

면담자   그냥 개인적으로라도 기억저장소의 기록물들이 어떻게 어떻게 쓰였으면 좋겠다고 생각하시나를 답해주시면 될 것 같습니다.

혜선 엄마   이제 [참사 이후] 2년이 지나고 3년이 다 돼가잖아요. "이제 이만하면 됐다. 3년이 지났는데 아직도 뭘 떠들고 다니냐. 보상금 탔으면 그만둬라" 이런 얘기를 정말 많이 듣잖아요, 저희가. 근데 이제 최순실 게이트가 터지면서 세월호 7시간 의혹 때문에 많이 알게 됐지만, 그 전에는 그런 걸 몰랐잖아요, 국민들도. 기억저장소에 들어가면서 이런 기록물과 자료들이 있으면 정말 끝났다고 생각하는 우리 국민들에게 '우리가 이런 자료들을 잘 모아서 정리를 해

서 하나하나 공개를 하고 알려주면 정말 좋겠다'[라고 생각했어요]. 그
래서 국민들이 세월호가 끝난 게 아니고, '세월호 참사 당시에 이런
일도 있었구나' 하는 것도 알게 될 거고, "아직 끝난 게 아니고 진상
규명하려면 아직 멀었다. 이 정도 가지고는 어림도 없다" 그런 말이
국민들 입에서 나올 수 있도록 자료수집 잘해서 많이 알렸으면 좋겠
어요.

일단은 들어가서 참여할 때는 그런 마음이었어요. '기록하시고
하는 분들이 정말 고생 많이 했겠다'는 것도 한 번 더 절실하게 느끼
는 그런 시간이 됐죠. 정말 자료가 어마어마하고 너무 방대하고, 이
렇게 많이 있을 줄은 몰랐거든요. 자료라든가 이런 것들이 서고 돌
아보니까 엄청나더라고요. 저는 혜선이가 [수학여행에] 가지고 갔던
캐리어[가방]나 이런 걸 아직 집에 가지고 있거든요.

면담자   캐리어 말고 다른 건 안 돌아왔습니까?

혜선 엄마   이제 핸드폰은 안 돌아왔고요, 옷도 겉옷은 안 돌아왔
고 수건이랑 속옷 몇 개만 돌아왔는데, 가방만 두 개 다 돌아왔어요.
캐리어랑 돌아왔는데, 기억저장소가 생긴 지는 오래됐잖아요? 오래
됐는데 [개관 당시] 아이들 유품을 보관을 한다고 그러더라고요. 그
당시에 올라왔을 때 "[유품을] 달라. 보관해서 나중에 추모관이 생기
면 거기에 보관을 할 거다" 그러더라고요. 그럼 "이걸 지금 가져가면
어떻게 보관을 할 거냐" 물어봤어요, 그 당시에 유품이 올라왔을 때.
지금 가져가면 박스에 잘 담아서 그냥 이렇게 창고에 쌓아둔다고 하
더라고요. 그게 좀 그때는 납득이 안 갔고 '창고에 쌓아두면 이게 바

다에서 올라왔는데 척척 쌓아두면 장마철이나 이럴 때 상하지 않을까?' 그런 생각이 들더라고요. 그러면 "내가 이제 집에 가지고 있다가 나중에 추모관이 지어지면 그때 주겠다" 그랬어요. 진짜 그냥 쌓아두면 안 될 것 같은 거예요.

그래서 아직까지 집에 가지고 있는데, 지금 이제 저장소에 들어와서 서고를 돌아보니까 정말 고생을 많이 하셔가지고 잘 보관을 하고 계시더라고요. 지금은 이런 걸 알고 나니까, '몰랐을 때는 내가 가지고 있고 싶었지만, 지금은 저장소에 모든 부모님들이 믿고 맡겨도 되겠다' 그런 생각이 들더라고요. 가족들 입장에서는 저장소를 믿고 맡겨주면 되고요, 믿고 맡겨도 되는 저장소가 있어서 좋고, 국민들을 생각하면 많이 알려서 많이 알게 했으면 좋겠어요.

11
엄마들이 이어가는 '금요일의 9반 모임'

면담자　　오늘 구술은 이 정도에서 마치려고 합니다. 혹시 추가해서 말씀하시고 싶은 게 있으신지요?

혜선 엄마　　예. 혜선이 고등학교 때 친구들이 있는데 그 얘기를 많이 여기 구술에 넣고 싶거든요. 다른 것도 있겠지만 이 얘기는 꼭 넣어주고 싶은데, 혜선이가 1학년 때도 9반이고 2학년 때도 9반이거든요. 1학년 9반 때 친구들이 혜선이랑 성격이 잘 맞는 친구들이 정말 많았던 것 같아요, 지금 생각을 해보면. 그 당시에는 제가 잘 몰랐지만 이제 혜선이가 가고 나서 친구들 얘기를 듣고 해보면 정말 성격이 잘 맞고, 서로를 위해주는 친구들이 많았던 것 같아요. 아이들이 1학년 때 한 열댓 명 정도가 모임을 만들었어요. 얘네들이 모임을 만들었는데, 1학년 때 즐겁게 지내다가, 정말 사이좋게 잘 지내다가 2학년[으로] 올라가니까 아이들이 반이 흩어지잖아요. 지금 생각을 해보면 2학년 올라가면서 아이들이 이제 이과랑 문과로 나뉘고, 아래층 위층으로 나뉘니까 아이들이 그게 너무 서운하고 아쉬웠나 봐요.

그러면서 2학년 올라가면서 그러면 "우리가 2학년 올라가서 이과, 문과로 나뉘고 하니까 모임을 하나 만들자" 해가지고 "식당에 금요일마다 모여서 같이 밥을 먹자, 2학년 올라가서도 일주일에 한 번씩", 그렇게 정하고서 정말 사진을 찾아보니까 식당에서 정말 금요일마다 먹은 사진이 있더라고요. 자기들끼리 모여서 2학년 올라가서도 반이 다르지만 모여서 밥을 먹었더라고요. '금요일의 9반 모임'이라고 얘네들이 만든 거예요. 그래서 이름이 '금구모'인데, "금요일에 식당에 모여서 밥 먹고, 금요일에 꼭 만나자" 해서 그렇게 만들었더라고요. 그 아이들이 이번에 수학여행에서 14명이 갔는데, 두 명밖에 못 돌아왔어요. 두 명만 돌아오고 12명이 이제 돌아오질 못했는데, 그때 그 아이들이 너무 잘 지냈던 게 지금 생각하면 너무 예쁘고 기특하고, 나쁜 길로 안 빠지고, 뭐 그런 성격은 아니지만 그래도 얘네들이 지나치지 않게, 남들이 봐도 지나치다 싶을 정도로 놀지도 않고, 너무 예쁘고 활동적으로 잘 지냈던 것 같아요.

그 부모들이 지금은 아이들이 떠나고 나서, 얘네들[의] 그런 소식을 그 당시에는 잘 몰랐지만, 지금 다 알게 돼서 부모들이 "그러면 우리가 아이들이 이렇게 잘 지냈는데 이 모임을 우리가 계속 이어가자" 해가지고 지금까지도 그 부모들이 모여서 '금구모'라는 모임을 계속 이어가고 있거든요. 한 달에 한 번씩 모여서 밥도 먹고, 그렇게 지금 하고 있어요, 그냥 모여서 같이 밥도 먹고 아이들 얘기 마음껏 하고. 우리가 지금은 정신이 없는 상태라, 아직 진상 규명의 길도 멀고 하니까…, 이런 모임이 있었다는 얘기를 어디 가서 마음 놓고 할 수가 없잖아요. 그러니까 우리끼리 모였을 때, 아이들이 그때 뭐 했는지, 뭘 하고 놀았는지, 어떤 생각을 가지고 살았는지, 이런 얘기를 하면서, 같이 밥도 먹고 같이 울고, 같이 웃고 이렇게 보내고 있어요.

진상 규명이 어느 정도 되고 우리도 조금 조용해지면, "우리 아이들도 성격상 먹고 놀기만 하자고 이 모임을 만들진 않았을 거다. 뭔가 좋은 일을 하려고 했을 거다. 그래서 우리도 진상 규명이 좀 되고 나면 자원봉사 같은 걸 한번 해보자" 지금 그러고 있거든요. 어떤 방법으로 하면 좋을지 이제 구체적인 얘기도 많이 해보고, '아직은 우리가 힘들다. 우리 마음을 추스르기도 힘드니까, 한 5년 정도 지나고 나면 그때 되면 어느 정도, 전부 다는 안 밝혀지더라도 진상 규명이 조금 되고, 우리도 이제 조금 안정이 되면 자원봉사라도 해보자' 하고 지금 생각은 하고 있어요. "아이들이 만든 모임을 그냥 무의미하게 깨지 말자" 해서 그러고 있어요.

혜선이가 그때 금구모 모임을 하고 있을 때 애네들이 강원도에 놀러 간 적이 있는데요, 강원도에 한 친구 부모의 친척이 살았던 것 같아요. 삼촌이라고 하는 것 같더라고요. "와라, 먹을 것만 가져오면 잠도 재워주고 다 한다" 그래서 이제 보내달라고 했어요. 우리가 또 안 보내준 거예요, 그거를. 아빠는 절대 반대하고, 나는 엄마니까 "혜선이는 친구들이랑 어울리는 거 좋아하고 하니까 갔다 와라" [하고] 저는 허락을 했는데 아빠가 "위험해서 안 된다. 학생들끼리 어디를 강원도까지 1박 2일로 갔다 오냐" [하고] 아빠가 조금 보수적이라서, 그래 가지고 안 보내줘 가지고 결국은 못 갔어요.

결국은 혜선이는 못 갔는데, 그 아이들이 다녀오고 나서 혜선이가 하는 말이, "여름에 또 가기로 했대. 여름에 또 가면 그때는 꼭 보내줘야 된다", 그니까 수학여행 갔다 와서 여름에 꼭 간다고 그래서 그때는 "엄마가 아빠랑 싸워서라도 너 보내준다" 이랬거든요. 근데 결국 못 가고 [말았지요]. 이제 혜선이가 떠나고 나서 혜선이가 페북 [페이스북]을 시작했을 그 무렵부터 지금 것까지 제가 싹 뒤져봤어요. 혜선이가 어떤 생각을 하고 살았으며, 친구들하고 어떻게 지냈는지 궁금하더라고요. 페북을 뒤져보는데 그때 그 일이 페북에 쓰여 있더라고요. 그니까 친구들이 이제 놀러 가면서 "지금 강원도 왔다. 우리는 이러고 놀고 있다" 사진을 찍어서 막 사진을 올려놨더라고요. "나도 아빠가 허락만 했으면 갔을 텐데" 이러면서(한숨), 그 글을 적어 놓은 걸 보고, 정말 지금 생각하면 '아빠하고 싸워서라도 보내줬어 야 되는데' 친구들하고[의] 추억을 한 가지 뺏은 것 같아서 정말 마음 이 아팠어요(한숨).

우리 혜선이가 그 친구들하고 너무 잘 지냈는데, 모임 자리도 애 들이 굉장히 많이 모이고, 생일도 서로 잘 챙겨주고 그랬는데, 애들 이 떠나고 난 뒤에는 사진들이 남은 게 많잖아요. 사진을 보면 혜선이가 빠진 자리가 굉장히 많더라고요. '친구들하고 잘 어울렸는데 왜 빠졌을까', 그게 혜선이를 못 보내준 게 너무 후회가 되고…. 아빠가 '학생은 공부만 해야 한다. 주말에 놀러 나가도 안 된다' 그런 성격이거든요. '친구는 학교에서 보면 되지 뭐 주말에까지 만나서 노냐' 그래서 놀러도 잘 안 내보내고, 어쩌다 한 번 나가고 하니까 친구들끼리 놀 때도 못 놀고, 사진이 많이 나오는데 금구모 모임인데 혜선이만 쏙 빠져 있는 거예요. 지금 그게 마음이 너무 아프고.

용돈도 많이 못 줘가지고, 그 친구들끼리 생일 파티를 하는데도 용돈이 많은 아이들은 뭐 그런 프랜차이즈 식당? 그런 데 가서 밥을 먹고, 용돈이 부족한 아이들은 분식집에서 먹었더라고요. 프랜차이즈 식당에서 밥을 먹는 사진 중에 또 혜선이가 없는 거예요. '왜 없을까, 혜선이도 같은 모임인데?' 몰랐는데 이제 다른 부모님이 얘기를 해주시더라고요, "용돈이 부족한 애들은 분식집에서 먹었다"라고]. 저도 그때 당시만 해도 '학생은 너무 많은 용돈을 가지고 다니면 안 된다. 그냥 알맞게 꼭 필요한 용돈만 써야 한다' 그런 생각을 저도 조금은 가지고 있었거든요. 그래서 용돈을 넉넉하게 주진 않았어요. 그것도 지금 너무 마음이 아파요.

친구들이 그렇게 많았으면 그 친구들만 있었겠어요? 페북을 뒤져보니까 다른 친구들하고도 엄청나게 많이 사귀고, 친구들도 많이 생일도 챙겨주고 했더라고요. '생일 선물 사주고, 같이 생일 파티 가려면 용돈이 정말 많이 필요했겠다'. 우리는 5만 원밖에 안 줬거든요. 5만 원이면 생일 파티 두 번만 가도 없을 것 같고, 음료수 몇 번만 사 먹어도 없을 것 같은데…. 그때 생각에는 '학생은 너무 많은

돈을 쓰면 낭비해서 안 된다. 처음부터 그렇게 생활을 하면 나중에 낭비심만 생긴다. 안 된다' 했던 게 지금 너무 마음에[이] 아파요. 그래도 불평 안 하고 살아준 게 너무 고맙기는 한데…, 그때 엄마한테 조금 조르지, 용돈 더 달라고…. (눈물을 글썽이며) '그랬으면 친구들하고 추억을 한 가지라도 더 쌓을 수 있지 않았을까, 더 행복하게 살다 갈 수 있지 않았을까' 그런 생각이 들어서 너무 미안하고…. (울먹이며) 그래서 [제가] 집에만 더 있을 수 없는 것 같아요. 아이들을 더구조해 주지 않은 거, 뭐 정부에 대한 분노도 있지만 혜선이한테 미안한 게 너무 많아서 집에만 못 있는 거죠. 먹고살겠다고 회사만 다닌 게 그것도 후회되고 모든 게 다 후회가 돼요(울음).

면담자   청문회에 가시거나 하는 활동 공지는 누가 하나요?

혜선 엄마   아, 저희 가족협의회 사무국에서 공지를 띄워주거든요. 근데 아직까지는 공지가 안 올라왔더라고요. 가게 되면 또 가야죠. 가서 두 눈 똑바로 부릅뜨고 지켜봐야죠. 진상 규명을 향한 활동에는 빠질 수가 없는 것 같아요. 저는 [혜선이한테] 하루라도 빨리 가면 좋겠다고 생각을 하고 있다가도, '가면은 혜선이한테 내가 무슨 얘기를 해줄 수 있을까' 그런 생각이 또 들어서…, 왜 억울하게 떠나야 했는지 밝혀서 가야 할 것 같아요. 그런 생각을 하면 활동들에는 빠질 수가 없죠.

면담자   요즘도 두통이 좀 있으신가요?

혜선 엄마   예, 두통이 자주 와요. 그니까 뭐 정부에서 이렇게 했던 게 거짓으로 드러나거나, 우리가 몰랐던 새로운 사실들이 또 드러나거나…, 그동안 정말 많이 겪어왔지만, 하나하나 밝혀질 때마다 그게 몸 안으로 파고들면 몸으로 나타나는 것 같아요. 몸으로 나타나니까 그게 제일 먼저 느끼는 게 두통으로 오는 것 같아요. 그러면 며칠 동안 정말 머리가 이렇게 터지는 것 같고, 아픈 걸 넘어서서 터지는 것 같아요, 머리가. 그러면 진통제를 먹어도 소용이 없어요. 며칠을 그냥 가요.

면담자　　최근에 또 대통령의 7시간 행적이 조금씩 밝혀지고 있잖습니까? 그것 때문에 또….

혜선 엄마　　예, 이제 더 그런 거죠. '정말 이런 사람들 때문에 내 딸이 떠나야 했나' 어이가 없고 분노스럽고, 정말 못 구해줬으면 이렇게까지 억울하진 않을 텐데, 정말 일부러 그랬다는 생각도 들거든요. 그니까 이제 더 스트레스받고, 끝까지 가야겠다는 다짐을 다시 한번 더 하게 되는 거죠.

면담자　　오늘 말씀하시면서 못 했던 이야기가 있으시면 다음번에 더 들려주셔도 좋습니다.

혜선 엄마　　예.

면담자　　그러면 오늘은 여기까지 듣도록 하겠습니다. 고생 많으셨습니다.

혜선 엄마　　예, 수고하셨습니다.

2회차

2016년 12월 22일

1
시작 인사말

면담자   본 구술증언은 4·16 사건에 대한 참여자들의 경험과 기억을 기록으로 남김으로써 이후 진상 규명 및 역사 기술에 기여하고자 합니다. 지금부터 성시경 씨의 증언을 시작하겠습니다. 오늘은 2016년 12월 22일이며, 장소는 안산시 단원구 정부합동분향소입니다. 면담자는 김태우이며, 촬영자는 김솔입니다.

2
KBS 항의 방문과 특별법 제정 천만 서명운동

면담자   두 번째 구술증언을 시작하겠습니다. 오늘은 어머님께서 참여하신 그동안의 활동에 대해 여쭤보도록 하겠습니다. 어떤 활동이 있었는지 한번 생각해 보셨습니까?

혜선 엄마   아니요.

면담자   너무 많죠? 그래서 구술팀에서 활동들을 정리해 놓았습니다. 제가 활동을 말씀드리면 거기서 어머니께서 참여하셨으면 참여하셨다고 말씀해 주세요. 참여한 동기라든지, 어떤 활동을 했고, 특히 인상에 남는 장면이 있으면 말씀해 주시면 되겠습니다. 첫 번째 활동이 2014년 5월 8일과 9일 사이에 KBS 항의 방문 및 청와대를 향한 도보 시위인데, 혹시 참석하셨습니까?

혜선 엄마   아니요. 그때는 친정어머니가 집에 같이 계셨는데요, 진도체육관에 같이 있다 올라오셔서 건강이 많이 안 좋으셨어요. 저는 친정 엄마를 보살피고 있었고, 애들 아빠가 KBS 항의 방문[에] 갔다 왔어요.

면담자   혜선이가 올라오고 거의 직후에 있던 일이네요.

혜선 엄마   예, 그땐 못 갔지만 TV를 통해서 나오고 그랬기 때문에 그 상황이 어땠다 하는 것은 알죠.

면담자   아버님은 다녀오셔서 별다른 말씀은 안 하셨습니까?

혜선 엄마   그게 말이 없는 사람이라 별말은 안 했는데, 저는 이제 우리 가족들 통해서 들은 거죠, 애기 아빠 통해서 들은 게 아니라.

면담자   아, 어머님의 다른 가족들도 가셨어요?

혜선 엄마   아니요, 우리 '4·16 가족들'. 저희는 진짜 직계가족이 아니라도 우리 유가족들을 가족처럼 생각을 하니까.

면담자   국회에서 2박 3일 동안 농성하셨는데, 그때는 참여하셨습니까?

혜선 엄마   예, 그때는 갔다 왔어요. 그때 국정[감사] 끝나고 조금 더 있다가 농성을 시작했고요, 국감도 갔다 왔고. 그 사람들이 나와서 하는 얘기가 뭐 "기억이 안 난다, 잘 모르겠다" 이런 얘기밖에 안 하잖아요. 이걸 왜 하는지 모르겠어요, 그런 국정조사를 왜 하는지 모르겠어요. 그냥 그런 느낌을 받고 왔어요. 가족들이 [국회에] 들어가는데도 뭐 몇 명 이상 들어가면 안 되고…. 저희는 그 당시에는 참사 초기잖아요, 5월 달이면. 이제 흥분해서 증인들이 잘 모르겠다고 하면 흥분해서 얘기를 막 하고 그랬거든요. 그러면 "그 사람 퇴장시켜라!" 막 그렇게 얘기하고 하는데 그 정도도 이해를 못 해주더라고요, 국회의원들이.

면담자　　국정조사 때는 인원을 제한해서 몇몇 분만 들어가셨네요?

혜선 엄마　　예, 그때는 열몇 명 정도만 들어갔던 것 같아요.

면담자　　어머님도 그때 들어가셨습니까?

혜선 엄마　　예. 그때는 초창기에는 가족들이 너무 힘들어서 많이 안 움직였어요. 그래도 저는 갔다 왔습니다.

면담자　　그때 못 들어가신 분들은 몇 명 정도 되었나요?

혜선 엄마　　아니요, 그 인원만큼만 취합을 해서 갔어요.

면담자　　몇 명까지 들어올 수 있다고 이미 공지가 됐겠네요.

혜선 엄마　　예, 가족 [네이버]밴드에 공지가 되고 취합을 해서 그렇게 갔어요.

면담자　　국회 농성을 하게 된 동기가 있지 않겠습니까?

혜선 엄마　　그게 특별법, 아… 진짜 기억이 가물가물한데, 특별법이 제정이 되냐 안 되냐, 또 특별법에 들어가는 내용 이런 것을 국회의원들과 조율하는 과정이었어요. 그게 며칠 시한을 넘기면 [안 되어서] 이게 며칠 내로 마무리가 되어야 하는 상황이었던 것 같아요, 특별법이. 그래서 가족들이 거기 있으면서 압력 아닌 압력? 뭐, '우리가 힘을 싣자' 해서 국회에 있게 됐어요. 그때는 저희는 광화문에 있었는데, 다 "국회로 가자" 해서 국회에 먼저 가신 부모님도 계시고, 저는 광화문에 있다가 국회로 넘어가 가지고, 그날부터 농성을 하려고 간 게 아닌데 농성을 하게 됐어요, 그날부터.

면담자   그래서 국회에 자리 잡고 바로 시작하신 거네요.

혜선 엄마   예, 그날 특별법이 합의가 되고 했으면 그냥 내려왔을 텐데 합의가 안 돼서 그때부터 농성을 시작하게 된 거죠. 준비 없이 갔는데 하게 됐어요.

면담자   예, 그래서 2박 3일 동안 농성하시면서….

혜선 엄마   2박 3일이 아니고요. 그건 언제 걸 얘기하시는지 모르겠네요? 저희가 국회 농성을 굉장히 오래 했는데.

면담자   아, 예, 7월 12일부터 119일간 특별법 제정 촉구 국회 농성을 했지요.

혜선 엄마   아, 지금 막 헷갈려요, 오래된 얘기라.

면담자   제가 앞서 말씀드린 건 5월 27일부터 29일까지 국정조사 촉구를 위한 짧은 농성이었어요.

혜선 엄마   그거는 기억이 안 나요. 그때 강당에서도 뭐 했던 거 같은데 기억이 안 나요.

면담자   그러면 오랫동안 하셨다는 거 보니까 아마 7월 12일 그때 한 거네요.

혜선 엄마 예, 그때 한 것 같아요.

면담자 특별법 제정을 촉구하는 활동을 하시는 동안 6월부터 특별법 제정을 위한 천만 서명을 받는 활동을 하셨습니다. 거리 서명전, 전국 버스 투어 등을 하셨는데 혹시 거기도 참여하셨나요?

혜선 엄마 예, 갔다 왔어요.

면담자 어떻게 활동을 하셨습니까?

혜선 엄마 지금도 그렇지만 그 당시에도 거의 반별로 많이 움직였어요. 이제 학생들이다 보니까 1반부터 10반까지 있고 선생님도 계시고 했는데, 저는 9반이라서 9반 [부모님들]이랑 같이 거의 활동을 했어요. 저희 9반은 천안, 아산 이쪽으로, 현대자동차 쪽으로 해서 충남 아산 쪽으로 많이 돌았거든요. 2박 3일 버스 투어 갔다 오고, 세종시까지 그때 다 아울러서 돌았던 것 같아요. 거기서도 몇 팀으로 나눠서 아산 가는 팀 있고 세종시 가는 팀 있고, 올라오면서 수원까지 들러서 시민들이 많이 안 다니는 곳에는 골목골목 서명지를 들고서 시장도 찾아가고 골목도 들어가고 이러면서 서명을 받았거든요. 시민들이 많이 협조해 주셨죠. 비도 많이 오고, 비가 억수로 많이 왔어요, 그때 갔을 때. 부모님들은 그땐 뭐 힘들다는 생각도 없고 '어떻게든 하나라도 밝혀야겠다' 해서 특별법 제정도 해야 하고 하니까 진짜 그때는 미쳐서 뛰어다녔던 것 같아요.

면담자 9반 부모님들이 많이들 참석하셨습니까?

혜선 엄마   거의 참석을 했어요. "아무리 좀 바쁘시고 하더라도 2박 3일 투어에는 다 같이 가자" [하고] 의논을 했어요, 9반 밴드 내에서. 그래서 "이번만큼은 다 참여하자" 해서 직장에 일찍 복귀하신 분들도 있었는데 휴가를 내고, 또 학교를 가는 어린 자녀가 있는 분도 자녀를 데리고…, 그래 가지고 거의 한두 분 빼고는 다 참여를 하셨었어요.

면담자   그때 같이 가신 분들 중에 지역을 나눠서 가신 거죠?

혜선 엄마   몇 팀으로 나눠서, 같이 다니면 다 못 도니까 두세 팀으로 나눴던 것 같아요. 그래서 저녁에는 만나고, 낮에는 따로 활동하고 저녁에 만나고, 그렇게 다녔어요.

면담자   사람이 많은 데도 가고 사람이 별로 없는 데도 가고 그러셨던 모양이에요.

혜선 엄마   그죠. 시장에도 갔던 기억이 있는데, 시장에는 상인들이 주로 많고 손님들도 계시지만 다 물건을 사는 분들 위주로 계시는 거잖아요. 그니까 거기서는 협조가 조금 안됐던 것 같아요. 다들 물건 사고팔고 그러기에 바쁘니까 저희들이 서명지를 들고 다녔는데도 협조가 조금 안됐던 것 같아요. 그래서 거기를 벗어나서 학교 앞으로도 가고 막 그랬어요. 주위에 있는 학교 앞으로도 가서 아이들 올 시간이 되면 거기서 기다렸다가 서명도 받고, 그런 식으로 다녔어요.

면담자   어머니께서는 그때 어디로 가셨습니까?

혜선 엄마 성시경

혜선 엄마   현대자동차 [공장]도 가고요, 아산도 가고…. 그쪽 근처로 갔는데 현대자동차는 굉장히 크잖아요. 그래 가지고 일일이 다니면서 받을 수는 없으니까 그분들 점심식사 시간에 맞춰가지고 식당 앞에 서명대를 펴고 현대자동차 노조의 협조를 얻어서 식사하러 오시는 분들, 드시고 나가시는 분들, 그분들에게 서명을 다 받았어요, 식당 입구에 자리 잡고. 노조 간부님들이 많이 도와주셨죠.

면담자   작업장 쪽으로 출입이 제한될 수 있는데 그분들의 협조가 있었네요.

혜선 엄마   협조가 없었으면 못 했겠죠. 많이 도와주셨어요, 그분들이.

면담자   거기서의 도움은 좀 어땠습니까?

혜선 엄마   정말 많이 해주셨어요. 현대자동차에서 지금도 뭐 많이 해주시고 많이 도움을 주시고 이렇게 활동들 같은 것도 많이 하세요. 작년에도 한 번 가족들이 다녀왔는데, 저는 못 갔지만, 현대자동차 한 번 더 갔다 왔거든요. 많이 도움을 주세요.

3
119일간의 국회 농성과 안산-광화문 도보 행진

면담자   그리고 7월 12일부터 119일 동안 국회 농성에 들어가셨습니다. 7월 달이면 더웠겠습니다.

혜선 엄마   예, 더웠어요. 아까 말씀드린 대로 광화문에 있다가
국회로 합류를 해서 그때부터 농성을 시작하게 된 거죠. 추울 때 그
만뒀던 것 같아요, 국회 농성은. 한여름에 시작해서 끝날 때쯤은 굉
장히 추웠어요. 그때… 그때는 부모님들 진짜 고생 많이 하셨죠. 여
름에는 햇볕 그냥 그대로 받고, 비 오면 비 다 맞고, 비닐 하나 쳐놓
고 국회의사당 벽에 기대가지고 그냥…, 비닐 하나 쳐놓고 새우잠
자고, 정말 고생 많이 하셨어요. 그때 부모님들이 몸이 진짜 많이 망
가졌던 것 같아요. 찬 바닥에서 자고 비 맞고 그래 가지고 참 많이
건강들이 안 좋아지셨어요.

면담자   그때는 돌아가면서 국회를 지키셨습니까?

혜선 엄마   이제 서명은 그렇게 했지만 이때는 그냥 자발적으로
부모님들이 올라오셨거든요. 처음에는 차 10대 정도 올라가고 그랬
는데, 매일 이렇게 올라갔거든요. 나중에는 좀 추워질 때쯤 해서는
인원이 조금 줄었어요. 저는 이제 찬바람 불 때까지… 계속 [있었어
요]. 처음에는 거기서 먹고 자고 했고요, 국회의사당에서. 나중에는
내려왔다가 아침에 올라가기도 하고, 또 한번 올라가면 며칠씩 자고
또 며칠 만에 한 번씩, 일주일에 한두 번 정도는 내려와서 또 있다가
가고 그랬어요.

면담자   주무실 때는 농성장에서 그냥 주무셨어요?

혜선 엄마   예, 농성장에서 그냥 바닥에 이불 깔고… 그냥 그렇게
잤어요.

면담자   너무 힘드셨겠습니다.

혜선 엄마   그때는 힘들다는 생각조차 들질 않았죠. 어떻게든 특별법 제정해서 진상 규명 해야겠다는 생각뿐이었으니까 다른 생각이 들 겨를이 없었죠. 나중에는 국회에 못 들어오게 해가지고 정말 고생도 많이 했어요. 이제 한번 나가면 못 들어오는 거예요. 여름에는 괜찮았고, 특별법이 1차 합의되고, 2차 합의 끝났을 땐가? 합의가 끝나고도 저희가 좀 더 있었거든요, 3차 합의까지 있으니까. 2차 합의[가] 끝나고선가는 국회 정문을 통과를 못 하게 해가지고 저희가 버스를 멀리 대고 국회의원 비서관분들이 태우러 오셨어요. 비서관님들 차 타고 저희가 국회로 입성하고 그랬고, 그거는 마지막에 그랬고, 중간쯤 때는 버스에서 내리면 경찰들이 막아서 못 들어가니까 부모님들이 막 싸워서 들어가고 그랬어요.

면담자   어디쯤에서 막았습니까?

혜선 엄마   국회 정문도 그렇고, 뭐 남문 서문 다 막아서 부모님들이 싸워서 들어가다시피 했죠. 경찰들 밀치고 막 돌파해서 들어가고 그랬거든요. 농성장이 국회 안에 있어도 나가면 못 들어오게 했어요. 초창기에는 그냥 놔뒀고 2차 합의[가] 끝나고부터 그랬던 것 같아요. 또 그 뒤에는 아예 못 들어오게 해가지고 그렇게 돌파를 해서도 못 들어가니까 비서관들이 나와서 우리를 태우고 들어갔어요. 그때는 부모님들 인원이 그렇게 많지 않아서 비서관 몇 분이 오셔서 차로 태워다 주셨어요. 우리가 비서관 따라 그냥 국회의원 사무실 가는 것처럼 그렇게 해서 농성장으로 [들어갔죠]. 그 사람들은 출입이

가능하니까 그렇게 들어갔어요. 그렇게 해서 찬바람 날 때까지 농성을 했었어요.

면담자   그때 도와준 비서관들은 어느 국회의원 소속이었습니까?

혜선 엄마   그때는 민주당의 김현 의원 보좌관이 많이 도와주셨고, 김현 의원님도 굉장히 많이 도와주셨죠. 저희 국회 농성할 때 아침, 저녁으로 와서 불편한 거 없는지 살펴주기도 하고, 그 비서관님이 다른 국회의원 비서관님들하고 같이 와가지고 많이 태우고 들어가셨어요. 그분이 지금은 박주민 의원님 비서관이거든요.

면담자   이 당시에는 새누리당이 의원 수가 많았으니 특별법을 제정하는 데도 어려움이 많으셨을 텐데요?

혜선 엄마   그죠. 지금도 저희가 특별법을 다시 개정하려고 준비하고 있는데 지금도 그렇게 쉬울 거라고는 생각 안 해요, 지금은 여소야대라고 하더라도. 또 그게 국회에서도 180석을 못 채우면 통과가 안 되게 되어 있잖아요? 그니까 또 야당은 180석이 안 되고…, 어려운 것 같아요, 지금도 마찬가지로 그때나 지금이나.

면담자   지금 새로 개정하려는 내용은 어떤 게 있습니까?

혜선 엄마   그거는 아직 말씀을 못 드릴 것 같은데요. 아직 저희가 확정이 안 된 상태라서요. 그런 것을 준비하고 있다는 것만….

면담자   밝히지 않으셔도 괜찮습니다. 국회에서 들고 나는 것을 제한당하니 어려움이 많으셨겠습니다.

혜선 엄마　　　계속 그랬죠. 화장실도 제대로 못 가게 하고…. 처음에는 저희가 농성 시작할 때는 옆에 보면 농협이 있어요, 국회 안에. 거기서 점심도 사 먹을 수 있고 도시락도 반입해서 먹을 수 있고 [그랬어요].

면담자　　　농성하셨던 곳이 국회의사당 건물인데, 농협은 다른 건물에 있었습니까?

혜선 엄마　　　아니요, 그 안에. 국회 안에 있는 농협인데 거기 분식점이 있어요. 거기서 식사를 해결해도 되고 막 그랬는데, 도시락도 가지고 들어오고…. 농협은 이용할 수 있었고, 도시락을 가지고 들어와서 많이 먹었어요, 뭐 김밥이나 도시락 같은 것들…. 나중에는 그것도 허용이 안 됐고[요]. 저희가 이제 농협에서 사 먹든지 그랬거든요. 화장실도 국회의사당 안에 거를, 주로 야당 화장실이지만 그쪽에 가서 사용했는데, 나중에는 거기도 사용을 못 하게 해서 화장실을 굉장히 멀리 [위치한 곳으로] 다녔던 기억도 있고요. 저희 농성장이 국회의사당 바로 그 밖이었잖아요. 근데 문만 열고 들어가면 화장실인데 거기를 못 가게 해서 멀리 떨어져 있는 건물에 가서 그쪽 화장실을 이용하고 그랬었어요. 처음에는 뭐 국회의원회관에 있는 시설들을 이용할 수 있게 해줬었는데 나중에는 거기도 딱 막아버리니까, 머리도 화장실 세면대에서 감고 그랬어요, 농성하면서.

면담자　　　그때 주로 농성활동은 어떤 것을 하셨습니까?

혜선 엄마　　　국회에서는 저희가 뭐 특별히 할 수 있는 게 [없죠], 국회의원들이 [나서서] 여야가 합의하는 과정이니까. 농성하면서도 때

때로 광화문도 가고, 광화문에서는 서명도 받고 그랬잖아요. 거기서 이제 국회로 갔지만 또 몇 분은 광화문으로 가서 서명도 받고…. 또 국회에 있는 동안은 거의 뭐 기다리는 것밖에 할 수 없는 것 같아요. 그러면서 국회의사당 마당에 종이배도 접고 아이들에게 남기는 메시지도 적고…. 그렇게 해서 저희들이 마당을 꾸민 적도 있고요. 시민분들도 많이 찾아오셨거든요. 그분들이랑 얘기도 하고 그랬던 것 같아요. 국회 안에서는 활동이 제한이 되니까 그 정도밖에는 할 수 없는 것 같아요. 찾아오시는 분들하고 얘기는 정말 많이 했던 것 같아요. 활동가분들도 많이 오시고, 시민분들도 많이 오시고….

면담자   국회의원들이 왔다 갔다 할 때 피케팅을 하기도 하셨고요?

혜선 엄마   그런 거 많이 했죠. 국회의원들 의총이 있다거나 그때는 여당, 야당 가리지 않고 [했어요]. 어차피 특별법 제정 때문에 그러는 거니까 여당에 의총이 있든, 야당에 의총이 있든 피켓을 들고 "특별법 제정되게 도와달라" 그런 피켓도 들고…. 특히 저희가 농성할 때 대통령이 왔다 갔잖아요? 대통령이 왔다 갈 때는 "살려달라"는 문구도 쓰고 "살려달라"는 외침도 했고, 많이 도와달라고 그랬는데 대통령은 쳐다보지도 않고 지나갔잖아요. 들어갈 때도 그랬지만 나올 때도 쳐다보지도 않고, 그렇게 살려달라고 절규하는 부모들을 한 번 쳐다보지도 않고 말 한마디 없이 그냥 갔잖아요. 그런 거 보면 '국회에 입성만 하면 다들 저렇게 변하나' 싶기도 하고…. 국회의원들 보면 대통령도 마찬가지고 정치인이 되면 다 그 밥에 그 나물인 것 같고 그래요.

면담자   대통령이 국회에 연설하러 오면서 농성하고 계시는 부모님들 옆을 그냥 지나가고 그랬던 기억이 납니다.

혜선 엄마   예, 뭐 그랬죠. 야당 [의원들]은 그래도 뭐 "저희가 이런 이런 안건이 있고 오늘은 이런 걸 한다" 뭐 얘기도 해주고 저희의 의견도 좀 들어서 가고 그랬는데, 여당 의원들은 그런 게 없었어요, 그때는 여당은 반대하는 입장이었으니까. 야당 의원들은 많이 찾아와서 저희들의 마음이라든지 의견, 이런 걸 많이 경청하고 가셨죠.

면담자   요즘 새로 밝혀지는 것들을 보면, 그 당시 대통령의 자세라든지 여당 의원들의 반대하는 모습 등의 이유에 대해 좀 퍼즐이 맞춰지는 느낌이 있으실 것 같습니다.

혜선 엄마   그렇죠. '그래서 그때 이렇게 반대를 했구나' 싶어요. 지금 "박 대통령의 7시간을 밝혀라" 이런 게 많은데요, 근데 지금까지 나온 얘기들이 너무 많아서 어떤 걸 믿어야 할지는 모르겠어요. 더 큰 걸 감추기 위해서 성형이나 영양제를 맞았다, 뭐 그런 얘기를 하는 것 같기도 하고요. 신문기자가 호텔에서 봤다는 이런 얘기도 있었잖아요? 그걸 감추기 위해서 청와대에서 프로포폴을 맞았니 성형 시술을 했니 그런 얘기를 퍼뜨리는 것 같기도 해요, 제 생각에는 솔직히. '이런 것들만 해도 국민들은 분노를 하는데 진짜 호텔에 있었다면 국민들이 더 많은 분노를 사지 않을까? 그래서 더 큰 걸 감추기 위해서 작은 걸 터뜨리는 건 아닌가?' 이런 생각도 들고[요]. 그 당시에는 [대통령이] 아예 청와대에 있었고, [세부 일정은] 밝힐 수 없다고 그랬잖아요? 7월 농성할 때만 해도. 그니까 '이런 일이 있으니까 이런 걸 감추기 위해서 대통령이 그때는 청와대에 있었다고 그렇게 얘기한 건가' 싶기도 하고[요]. 여당 의원들도 뭐 대통령이 같은 당이 니까 대통령의 7시간이 밝혀지면 자기네들한테도 불이익이 갈 수도 있잖아요. 그니까 '대통령을 옹호하느라고 그렇게 특별법 제정을 반 대했나' 싶기도 하고 그래요. 지금은 '얘네들이 왜 이랬나' 이해는 조 금 가는 부분이 있죠.

면담자　　특별법 제정 촉구를 위해 국회 농성하시는 동안인 7월 15일에 350만 명의 서명 용지를 국회에 전달하셨죠.

혜선 엄마　　서명지 들고 여의도광장에 모여서 국회로 갔거든요. 가족들도 많이 참여했고, 시민들도 정말 많이 오셨어요. 그 용지가 말이 정말 말이 몇백만 명이지 엄청났거든요. (손가락으로 반 뼘 정도 표시하며) 한 요 정도 두께로 포장을 해가지고 그걸 하나하나 가족들 하고 시민들이 들고 여의도광장에서부터 시작해 가지고 국회로 들 고 갔어요. 전달은 가족협의회 대표 몇 분이 대표로 들어가서 가 지고 국회에 전달을 했어요. 가족들이나 시민들은 국회의사당 앞에 서 기다리고 몇 분만 들어가셨었어요.

면담자　　그때는 국회에 들어갈 때 막지는 않았습니까?

혜선 엄마　　예, 그런 건 없었어요. 7월 달 정도에는 그냥 들어가 던 상태예요.

면담자　　참사 후 100일째 되는 7월 23일부터 24일까지 특별법

제정 촉구 안산-광화문 도보 행진을 하셨습니다. 국회 농성 와중에
도 여러 가지 활동을 하셨어요.

혜선 엄마   예, 그런 걸 할 때는 가족들이 국회에 몇 분만 남으시
고, 자리를 비울 수는 없으니까 농성장은 몇 분만 남으시고 나머지
가족들은 도보에 참여했어요.

면담자   몇 시간 정도 걸렸어요?

혜선 엄마   그때는 [안산에서] 아침에 9시인가 10시부터 출발을 해
가지고 광명에서 하룻밤을 잤어요. 광명체육관이었던 것 같아요. 광
명체육관에 한 [저녁] 6시 정도에 도착했던 것 같아요. 거기서 여장
을 풀고 하룻밤 자고, 다음 날 다시 출발을 해서 국회에 들어갔다가
거기서 다시 광화문으로 출발을 했어요. 국회에서는 점심을 먹고 출
발을 했거든요. 그래서 점심을 먹고 출발했으니까 한 4, 5시쯤 도착
했지 싶어요. 그때 고생 많이 했죠, 부모님들이. 그때 엄청 더울 때
였거든요. 덥고 비 오고 막 그랬어요. 고생 많이 했죠, 부모님들이,
도보를 그렇게 오래 해본적도 없고···. 첫날 체육관에서 잘 때 테이
핑도 하고 파스 붙이고···, 진짜 고생 많이 하셨어요. 다음 날이 걷기
가 더 힘들더라고요. 첫날은 그냥 걸었는데 둘째 날은 다리가 부어
있으니까 더 힘들었던 것 같아요.

면담자   그때는 인도로 가셨나요?

혜선 엄마   아니, 차도로 갔어요.

면담자   그때는 경찰들이 막진 않았죠?

혜선 엄마   예. 그건 다 신고하고 가는 거니까, 도보로 할 때는 신고를 하고 가는 거니깐 경찰들도 이제 차랑 우리랑 부딪히지 않게 자기들이 지켜줬어요. 가면서 참 국민들 호응도 많이 얻었죠.

면담자   어느 길로 가셨습니까?

혜선 엄마   안산에서 출발할 때는 아이들이 있는 안산 하늘공원 쪽으로 해서요, 하늘공원을 지나서 광명으로 갔던 것 같아요, 금정 쪽으로는 안 가고.

면담자   하늘공원에서는 시민들을 좀 만나셨습니까?

혜선 엄마   하늘공원은 외딴 데에 있어 가지고 시민들이 많지는 않고요. 저희들이 그냥 하늘공원에 들렀다가 광명 쪽으로 갔어요. 근데 시민들이 많이 참여하셨어요, 그때도. 가족들도 같이 많이 갔지만 시민들도 정말 많이 참여하셨어요, 그렇게 해서 광명에서 서울역으로. 민주노총 뭐 이런 분들 집회하고 계시니까 거기서 합류해서 국회 들렀다가 광화문으로 갔어요. 그때도 시민들이 출발할 때보다 엄청난 숫자였죠, 광화문 도착할 때는.

면담자   시민들이 점점 모였던 거죠?

혜선 엄마   서울역에서도 엄청 많이 합류를 해주셨고, 자기 동네에서 기다렸다가 지나가는 길목에 기다렸다가 다 합류를 해주셨거든요.

면담자   서울에서는 어떤 길로 갔었습니까?

혜선 엄마   국회도 들렀고, 서울역도 들렀고, 그렇게 해서 광화문으로 갔어요.

면담자   이 행진하실 때는 많은 호응을 받으셨는데요. 참사 나
고 초기에는 국민들이 전체적으로 유가족들에게 동조하고 공감하는
그런 분위기가 있다가, 그 이후에 조금씩 '세월호 피로감'이라느니
그런 말들이 돌아다니면서 분위기가 조금 식지 않았습니까? 언제부
터 그런 걸 느끼셨습니까?

혜선 엄마   음…, 특별법이 제정이 되고, 14년도에는 안 그랬던
거 같고요. 특별법이 제정이 돼서 특조위가 만들어지고 그러면서 느
낀 것은 한… 15년도쯤에 느낀 것 같아요. "그만해라, 그만할 때도
되지 않았냐. 정부에서 청문회도 하고 그래서 밝혀진 게 아니냐"라
고 15년도쯤에 그랬던 거 같아요. 14년도에는 설령 그랬다 하더라
도 저희가 귀에 안 들어왔을 거 같고요. 그때는 못 느꼈지만, 그랬다
고 하더라도 저희가 못 느꼈을 것 같아요. 14년도에 저희들 마음[을]
아프게 한 일베[일간베스트] 글들이 많았죠.

면담자   예, 단식 농성하시는 데도 앞에서 음식 먹고 그런 것
도 14년인 걸로 기억하는데요.

혜선 엄마   예. 그런데 그런 것들은 뭐…, 국민들이 그런 게 아니
니까요. 전체 국민들이 그런 게 아니니까 그냥 그런가 보다 하고 넘
기죠, 뭐.

교황 방문과 청운동 농성

면담자　　　그리고 교황이 광화문광장에 방문하고 그날 특별법 제정 촉구 범국민대회가 있었는데, 그때도 계셨습니까?

혜선 엄마　　예, 그때 교황님 오셨을 때 저희가 하루 일찍 올라가 가지고 자리 잡는다고, 새벽에 자리를 잡았거든요.

면담자　　　교황이 지나가는 바로 옆에 자리 잡기 위해서 일찍 올라가셨나요?

혜선 엄마　　아니요, 자리는 정해져 있었어요. 자리는 정해져 있었는데 "일찍 들어가야 한다" 그래서 아침에…, 하루 전날 올라가서 예술의전당[세종문화회관] 지하 바닥에 스티로폼 하나 깔고 거기서 잤어요, 저희가. 그리고 새벽에 교황님 오시는 광화문광장에 들어간 거죠. 들어가는 시간이 좀 많이 걸리더라고요. 하나하나 다 신분 확인을 하고 이렇게 해서 들어가야 하니까 시간이 많이 걸려서 하루 전날 올라갔던 것 같아요. 암튼 예술의전당[세종문화회관] 지하에서 자고 그렇게 들어갔죠.

면담자　　　프란체스코 교황이 방문해서 힘이 좀 되셨습니까?

혜선 엄마　　그죠. 만약에 안 보고 가셨으면 아마 서운했을 거예요. 그때는 정말 절박했으니까, 가족들이. 교황님 오시면 더 하나라도 알려드리려고 편지도 작성해 가지고 유민이 아빠 통해서 이렇게…. 삼십몇 일 동안 단식하셨을 때잖아요, 교황님한테 유민이 아빠 통해서 편지도 전해드리고 [했어요]. 저희가 그동안은 옷 같은 것도 한글로 "진실은 침몰하지 않는다" 이렇게 입고 다녔는데, 교황님 오셨을 때는 영어로 써가지고 옷을, 다시 티를 맞춰가지고 그걸 입고, 교황님 보시라고, 보시고 이제 많이 알려달라 해서 그렇게 교황님을 기다렸거든요. 그래서 오셨을 때 편지 전해드리고 꼭 좀 도와달라고 유민이 아빠가 그렇게 말씀 전하고 그랬었어요. 그걸 계기로 해서 국민들도 더 많이 알았을 거라고 생각을 해요, 아무래도 교황님이… 파워가 있으니까. 저희는 어떤 방법을 통해서라도 한 가지라도 더 알리고 한 사람이라도 더 볼 수 있으면 어떤 일이라도 한다는 마음이었으니까, 그때는. 그래서 종교를 떠나서 내가 천주교 신자든 아니든 그런 걸 떠나서 모든 가족들이 참여를 했었어요. 교황님 오시면 하나라도 더 알리자 해서…, 알려줬었죠.

면담자   그때 가족분들도 많이 계셨습니까?

혜선 엄마   예, 많이 있었어요. 종교는 따지지 않고 광화문 천막 있던 그 자리에 저희가 위치를 잡았어요. 아니, 딱 그 자리는 안 됐었고, 동선이 있기 때문에, 그 주변에 자리를 잡아서 저희가 있었어요. 그때 가족들도 몇백 명 되셨죠. 정말 그렇게 많은 인원이 모일 줄 몰랐어요. 교황 오신다는데 전국의 천주교 신자분들이 다 오셨던 것 같아요. 그 많은 신자분들이 오셨는데 교황님이 지나가시고 유민이 아빠한테 편지 받고 하는 장면들이 모니터에 다 나오잖아요. 거기 모이신 분들만이라도 우리 현실을 알아주셔도, 그분들이 또 돌아가서 몇 사람한테만 얘기를 해줘도 많이 알릴 수 있겠다 싶더라고요.

면담자 　　　혹시 그 이후에도 교황청과 연결이 있었습니까?

혜선 엄마 　　그다음엔 어떻게 했는지 모르겠는데…, 가협[가족협의회]에서는 어떻게 했는지 모르겠는데… 이제 [가협에] 대외협력[분과가] 따로 있잖아요. 그쪽 통해서 뭔가 있지 않았을까요? 거기에서만 가족들이 만난 게 아니고 교황님께서 우리나라에 오셔가지고 다른 지역도 가셨잖아요. 그쪽에도 가족들이 또 몇 분 가셔가지고 또 따로 만나서 얘기도 나누고 그랬어요. 많이 알렸었고요, 또 교황님이 받아주셨으니까 그렇게 가능한 거죠. 그걸 계기로 많은 국민들이 알았을 거예요. 아마 잘 몰랐던 분들도 많이 알았을 거라 생각을 해요.

면담자 　　　8월 22일부터 청와대 근처의 청운동 주민센터 앞에서 농성을 76일간 하셨는데 그때 여기도 참석하셨습니까?

혜선 엄마 　　예.

면담자. 　　　국회, 광화문, 청운동 농성이 같이 진행되었으니 많이 힘드셨을 것 같습니다.

혜선 엄마 　　예, 거의 동시에. 국회에서 그렇게 농성을 해봐도 청와대에서는 답변이 없고 대통령도 답변이 없으니까 "우리가 답변을 들으러 청와대 앞까지 가자" 해서 청운동 농성이 시작된 거거든요. 거기가 마지노선이었던 것 같아요. '설마 거기에 있으면 대통령이 어떤 답변을 주지 않겠나, 특별법 제정하는 데라도', 그래서 농성을 시작하게 됐는데 결국엔 답변을 못 듣고 그냥 나왔죠…. 거기에도 첫날은 못 갔고요, 그다음 날부터 갔는데 [거기서] 잘 때도 있었고 집에 있었다가 갈 때도 있었고, 그렇게 농성을 했어요. 거기 있으면서도 국민들이 정말 많이 찾아오셨거든요. 오히려 국회에서보다 거기에서 국민들을 더 많이 만났던 것 같아요, 아무래도 청운동 앞이니까. 국회는 동떨어져 있고 여기는 접근하기 쉽기도 한데, 여기도 경찰이 많이 막았어요. 여기도 순순히 농성을 한 게 아니라 경찰 차벽으로 청운동사무소를 완전히 막아버렸어요, 저희들이 외부에서 안보이게. 저희들이 농성하고 있는 그 장소가 안 보이게 차로 딱 막아버리고 그래서 많이 싸웠어요 경찰들하고, 왜 막냐고. 이제 야당 의원들이 오면 야당 의원들이 도와줘 가지고 차 치우고 또 다음 날 되면 또 차로 가로막고, 그래 가지고 끝에는 야당 의원들이랑 경찰들이랑 합의를 하고 우리 가족들하고도 하고 해가지고, 차를 치우고 농성을 좀 하다가 또 어느 순간 되면 차로 막고 또…. 실랑이가 많았던 것 같아요, 거기서는 경찰들이랑. 아무래도 청와대가 가까우니까 보안 경찰들이 좀 신경을 썼던 것 같아요. 거기서도 참 오랫동안 농성을 했죠. 결국은 답을 못 듣고 와서 좀 안타까운 부분이 있죠.

면담자　　　거기 청운동 주민센터에서는 상황이 어땠습니까?

혜선 엄마　　　청운동에서는 이제…, 동사무소는 맞는데 동사무소 마당에서 저희가 농성을 했거든요. 비 오면 비 맞고…, 거기는 국회보다 더 안 좋았죠, 사정이. 국회는 그래도 이제 시멘트 바닥이어서 비를 맞았더라도 그랬는데…, 여기는 아예 하수구 냄새 나고, 비 오면 하수구 냄새가 엄청 났어요. 거기 저희가 박스 갖다가 막고 그랬는데도 비 오면 하수구 냄새 나고, 비가 안 와도 막 그게 이제 시설이 잘못됐는지 하수구 냄새가 많이 나서 고생을 많이 했죠. 거기서는 뭐 처음에는 비가 오면 쇠막대기 세우고 비닐로 천막을 치고 있었거든요. 비가 오면 비닐이 쳐져가지고 구멍이 뚫릴까 봐 우산으로 다 물 나가라고 툭툭 쳐서 물 버리고…, 그렇게 해가면서 오래 있었고요. 나중에 이제 천막을 쳤어요, 한동안 있다가. 그런데 천막도 못 들어오게 막고 그래 가지고 처음에는 비닐만 치고 있었어요.

면담자   그때 청와대에 가족분들의 의사를 전달하기 위한 활동 같은 게 있었습니까?

혜선 엄마   대표로 몇 분이 가끔씩 다녀오셨거든요. 이제 거기 가면 접수하는 데가 있다고 하더라고요, 청와대 쪽에 가면. 접수만 해 놓고 돌아오고, 안에까지는 어차피 못 들어가니…. 접수해 놓고 돌아와도 답변은 없었어요. 몇 번 했지만 답변은 없었어요. 많이 했죠, 청와대[에] 접수하고 하는 걸. 그냥 우리가 여기서 답변을 기다리고 있다는 것을 알려주려고 농성을 했으니까 답변을 기다리는 시간이었죠, 청운대 농성은. 결국은 답변을 안 해서 더 이상 대통령의 답변은 기다리지 않는다고 하고 철수를 한 거죠.

면담자   그때 답변을 요구하는 사항은 어떤 거였습니까?

혜선 엄마   그때도 특별법 관련해서 그랬던 것 같아요. 오래돼 가지고 기억이 가물가물한데… 특별법 제정할 시기였으니까, 특별법 조항들이 여당에 유리한 조항들이 많이 있었잖아요. 그거를 조율하는 과정에 수사권, 기소권이 중심이었잖아요. [특별조사위원회에] 수사권, 기소권은 없고 조사권만 있었잖아요. 수사권, 기소권[을] 위해서 싸움을 진짜 오래 했는데 다 그런 내용들이었던 것 같아요. 일단은 면담 신청, 대통령 면담 신청도 하고 그랬는데 그런 게 전혀 받아들여지지가 않았죠. 답변을 기다리고, '대통령 만나서 얘기도 하고 싶다'고 농성을 시작하게 됐는데, 면담 한 번도 안 했죠. 초창기에 대통령이 가족들 몇 분만 청와대에 불러서 얘기하고 그다음부터는 면담이 없었어요. 그래서 면담 신청도 많이 했는데 전혀 성사되지가 않았어요.

면담자　　　아주 초기 때 대통령과의 면담을 말씀하시는 건가요?

혜선 엄마　　그때가 5월 달이었던 것 같아요. 지금도 TV에서도 많이 나오잖아요, 가족들이랑 대통령이랑 면담했었다고. 그게 한 5월 달쯤이었던 것 같아요, 생각에. 그때 [대통령이] "특별법 제정해서 특검까지 해서 밝혀주겠다. 걱정하지 마시라. 유가족들한테 여한이 없도록 진상 규명을 해주겠다" 그렇게 말씀하셨잖아요. 그 말을 믿고 우리는 기다렸는데, 전혀 그 말씀하신 대로 이루어지지 않았잖아요. 그래서 "이제 대통령을 다시 한번 면담을 해서 얘기를 하고 싶다" 그래서 청운동 농성을 시작을 하게 된 거죠. 면담 신청하고, "답변을 기다린다. 그렇게 얘기했던 거 지켜달라, 답변을 기다린다" 했는데 전혀 성사되지가 않았어요.

면담자　　　그 전에 만난 것도 한 번밖에 안 되죠?

혜선 엄마　　예, 한 번밖에 안 만났죠, 가족들이, 청와대로 불러서…. 그리고는 이제 딱 입 다물고 전혀 얘기가 없었잖아요. 다해줄 것처럼 "특별법도 만들고, 특검도 하자. 여한이 없도록 밝혀주겠다"

이래 놓고 한 가지도 약속을 지킨 게 없잖아요, 지금까지도.

면담자　　　이때 청운동 주민센터 농성이랑 국회, 광화문 농성이랑 같이 진행됐잖습니까? 왔다 갔다 하시고 그러셨나요?

혜선 엄마　　　예. 뭐 국회로 갈 때도 있고, 청운동 갈 때도 있고…. 근데 청운동에서 농성을 할 때는 청운동에 거의 집중을 많이 하고, 국회에는 이제 몇 분만 남아 계시고 그랬었어요.

면담자　　　청운동에서 시민들이 많이 찾아오셨다고 하셨는데, 경찰이 시민들이 찾아오는 걸 막진 않았나요?

혜선 엄마　　　많이 막았어요. 시민들이 오면 경찰이 벌써 딱 앞을 가로막아요. 그러면 가족들이랑 또 싸우죠. "왜 못 들어오게 하느냐. 우리가 어차피 농성을 하고 있는데 시민 한두 분 들어온다고 뭐가 달라지느냐. 들어오게 해달라"[고] 경찰들하고 싸우고 싸워서 시민들이 들어와요. 그런 식으로 경찰은 항상 고이 보내준 적이 없어요, 들어오게 해준 적도 없고. 꼭 가족들이랑 싸우고 시민들이랑 싸우고 나서야 들어올 수 있었어요. 특히 학생들이 오면, 몇십 명씩 오면 더 많이 막았어요, 학생들이 많이 올 때는. 그러면 또 가족들이랑 싸우고 싸워서 그 학생들을 다 들여보내 주지 않았어요. 대표 몇 명만 들어왔다가 시간도 제한적으로 주고 해서 "딱 얘기 2, 30분 하고 가라" 이런 식으로 해서 학생들을 많이 막았고요. 시민분들은 이제 단체로 오시는 분들은 많이 없으니까, 몇 명씩 오시면 싸우고 싸워서 들어와서 있다가 가시고 그랬고요.

거기 보면 농성장 맞은편에 커피숍이랑 치과 건물이 있어요. 거기에는 항상 소위 말하는 일베, 어버이연합 이런 사람이 피케팅도 하고, 거기서 우리 보라고 피케팅도 하고 애국가도 부르고 태극기도 흔들고 마이크 갖다 놓고 막 떠들고, 거의 매일이다시피 와서 그러고 가요. 그래서 우리하고 마찰도 일고…. 저희는 '아, 저런 분들이랑 싸우면 안 된다. 마찰이 일어나면 우리가 손해다' 마음적으로는 그렇게 갖고 있는데…, 그렇게 안 돼요. 앞에서 막 화나게 하면 또 같이 싸우게 되고 언성을 높이게 되고 그래서 많이 부딪혔던 적도 있어요. 그렇게 부딪히면 경찰들은 그냥 지켜봐요, 싸우라고. 그게 좀…, 우리가 뭘 하면 막으면서 보수 단체들이나 이런 데서 오면은 전혀 막지를 않아요. 어떤 거를 해도, 우리가 마이크 대고 소리 지르면 고성방가라 그러고 소음 방해라 그러면서, 보수 단체들이 와서 마이크 들고 와서 얘기하면 그냥 놔둬요. 그럼 우리가 항의를 하죠. "저 사람들을 왜 그냥 놔두냐, 우리는 마이크도 사용 못 하게 하면서" 그러면 아무 대답조차도 안 해요, 경찰도.

면담자   마이크도 사용하지 못하게 했나요?

혜선 엄마   할 때도 있지만, 막을 때는 막거든요. 우리는 금방 마이크 사용을 못 하게 해놓고 보수 단체들이나 뭐 그런 데서 마이크 사용을 하면 가만히 있어요, 경찰들도. 그런 걸 보면 '정부에서 진짜 우리를 악착같이 막는구나. 정말 진상 규명을 할 의지가 없구나' 그런 걸 실감하게 되죠.

면담자   최근 전경련이 보수 단체를 지원을 해가지고 그런 데 모를 하게 했다는 뉴스가 JTBC에서 보도되지 않았습니까?

혜선 엄마　　그렇죠, 많았죠. 제일 기억에 나는 게 저희가 세월호 [참사] 특별조사위원회 회의를 갔는데요, 그때는 이제 특조위[가] 금방 열리고 난 후라 가족들이 항상 올라갔었잖아요, 전원회의 열리고 할 때는. 그날도 중요한 결정을 하는 날이었는데…, 세월호 7시간을 안건에 올리고, 부위원장이 사퇴하던 그날이었던 것 같아요. 그날 전원회의[에] 참석하고 있었는데 밑에 재향군인? 하여튼 군인들이 왔었어요. 군인들이 아니라 군대를 졸업[전역]하고 뭐 이렇게 활동을 계속하는 분들 있잖아요? 그분들이 자기네들 차를, 다 지역 지역마다 차를 다 끌고 온 거예요, 봉고 차를. 거기에 무슨 무슨 단체라고 쓰여 있는데 지금 생각이 안 나요, 군복을 입고 와서. 우리는 차 한 대 대려면 정말 힘들거든요. 그런데 가면 못 대게 하고 "멀리 세워라, 주차장 가라", 그런데 그분들은 진짜 100여 대가 넘었어요, 그 차가. 그분들도 엄청나게 많이 오셨고 지역마다 다 끌고 오셔가지고 그 특조위 사무실[이 있는] 큰 대로에다가 다 세워놓은 거예요, 그 봉고 차를. 우리는 관광버스 두 대도 못 대가지고 기사님들이 멀리 가셨는데 그 사람들은…, 그 차를 100여 대를 대놓고, 그 대로변에서 마이크 들고, 특조위 사무실이 7층인가 9층인가 그랬는데 거기까지 마이크가 들릴 정도로 그렇게 소음을 내고 그랬는데, 경찰들이 옆에 있었는데도 전혀 막지를 않았어요. 그런 거 보면 일부러 부추기는 것 같은? 아까 말씀하신 것처럼 전경련[을] 통해서 모집하고, 그런 게 '아, 정말로 그랬구나', 그 전에는 그냥 긴가민가했는데 그날 그거를 보고 나서는 '정말 정부가 [보수 단체를] 도와줄 수도 있겠구나' 그런 생각을 하게 됐어요.

면담자   예, 그날 중요한 결정을 하는 날이라는 것을 알고 특별하게 차를 대고 그랬던 모양이네요?

혜선 엄마   그니까 알고서 방해를 한 거죠. 마이크 성능도 좋은 거 가지고 와서 위층까지 다 들리게 계속 막 애국가 부르고 악담을 하고…. 진짜 위에 회의하고 있는데도 회의실 밖에만 나오면 그 소리가 다 들렸어요. 세월호 7시간을 안건으로 넣느냐 마느냐 하는 그날이었으니까, 그니까 정보도 다 주고 "너네가 가서 방해를 해라" 그러는 거 같아요, 그날 행동들을 보면. '정말 정부에서 그럴 수 있겠나' 했는데 정말 그러더라고요.

면담자   지금 우병우라는 사람이 이렇게 압력을 넣고 하는 거 보면 충분히 그러고도 남았겠다 싶기도 하네요.

혜선 엄마   아, 그러고도 남았을 것 같아요, 지금은. 정말 추측이고 그랬지만 지금은 진실로 드러나고 있잖아요. 정말이었던 것 같아요.

5
2015년 안산에서 팽목항까지의 19박 20일 도보 행진

면담자   그러면 2015년으로 한번 가보겠습니다. 한창 추운 겨울에 2015년 1월 26일부터 2월 14일까지 안산에서 팽목항까지 19박 20일 도보 행진을 하셨습니다.

혜선 엄마   그때는 저는 3일을 걸었는데요. 다 걸으신 부모님들이 한 열다섯 분에서 스무 분 정도 계시고요. 나머지는 첫날 여기서 출발할 때만 수원까지 같이 가고, 그다음에는 완주하신 부모님들은 완주하시고, 그 외에는 반별로 나눠서, 이제 뭐 하루, 이틀 이렇게 갔었거든요. 저희 9반은 [차례가] 두 번이 돌아왔어요. 하루 갔다 오고, 그다음에 또 9반 돌아왔을 때 가서 이틀, 이제 마지막 팽목까지 걷고, 그래서 사흘을 같이 걸었어요.

면담자   모두 다 참석하기는 힘드니까요.

혜선 엄마   그쵸. 아무래도 직장에 복귀하신 분들도 있고, 또 도보가 힘드신 분들도 있잖아요, 건강이 또 허락하지 않으면. 그래서 저도 완주는 못 하고…, 진짜 마음은 완주를 하고도 남는데 이제 몸이 안 따라주니까…. 그때는 정말 체력이 바닥난 상태여서 저도 사흘밖에 못 해서 그게 혜선이한테 굉장히 미안하더라고요. 진짜 마음은 완주를 하고 싶은데… (눈물을 글썽이며) 사흘밖에 못 해서 그때도 많이 울었던 것 같아요.

면담자   도보하실 때 길은 국도를 이용하셨습니까?

혜선 엄마   예, 거기는 거의 국도를 이용해서 다 갔어요. 또 가다가 단체들도 있고, 뭐 종교시설도 있고, 그런 데 들어가서 그분들이랑 같이 식사도 하고 얘기도 듣고, 얘기도 서로 하고 [했어요]. 식사하는 시간에 맞춰서 얘기도 듣고 하면서 1시간 정도 쉬었다가 또 가고 그랬어요. 마지막에 진도 들어갔을 때는 진도체육관에서 하룻밤을 자고, 그다음 날 이제 팽목항으로 마지막에…. 평상시에도 국민들이 많이 계셨지만, 마지막 날은 정말 많이 오셨었어요. 저희가 팽목을 가는 도중에 중간에 한 2, 30분을 쉬었는데 뒤에 오는 분들은 도착하기도 전에 앞에는 벌써 출발을 하는 거예요. 그 정도로 국민들이 많이 참여해 주셨어요. 완주를 못 한 게 지금도 마음이 많이 아파요. 내가 할 일을 안 한 것 같고…, 진짜 뭐라도 해야 하는데 몸이 안 따라준다는 이유로 못 했다는 게 많이 미안해요(눈물을 훔침).

면담자   혜선이를 데려온 이후에 진도체육관은 더러 내려가셨나요?

혜선 엄마   진도체육관은 저희가 혜선이를 찾아서 데려오고 그 이후에도 많이 갔어요. 이제 미수습자분들이…, 그때는 실종자 가족이라 그랬으니까, 실종자 가족들이 계셨으니까. 그분들도 아이들[을] 기다리면서 얼마나 불안하고 마음이 착잡하시겠어요. 그래서 저희가 그때도 반별로 해서 오늘은 1반, 내일은 2반 이런 식으로 해서 계속 반별로 돌아가면서 내려갔었거든요. 이제 저도 9반이 가야 될 때 항상 체육관에 내려가서 실종자분들이랑 같이 있다가 올라오고 [했었죠]. 팽목항에 계신 분들도 계셨거든요. 체육관이랑 팽목항에 나눠서 부모님들이 9반이 내려가면 진도체육관에도 머물고 팽목항에도 머물고 그래서 실종자 가족분들이랑 같이 있다가 올라오고 [했었어요]. 또 그분들도 뭐 이제 이렇게 말로라도 얘기를 토해내야 견딜 수 있잖아요, [그래서] 가서 얘기도 들어주고…. 저희도 물론 같이 아이를 같이 잃었지만 그분들은 우리보다 더 힘드실 거잖아요. 그래서 같이… 얘기를 들어주는 것밖에는 할 수 없더라고요, 체육관에 가도.

가면 실종자분들[이] 바지선에 오를 때에는 같이 바지선에도 올라가서 이제 수습을 어떻게 하고 있는지, 구조를 어떻게 하고 있는지, 또 아이들 물건은 올라온 건 없는지 살펴보고 그랬어요. 그때 바지선에 올랐을 때도 마침 제가 갔을 때 물건이 올라온 게 몇 개 있었어요, 그래서 사진 찍어서 밴드에 공유해서 "이거 누구 꺼냐"[라고 물어보고]. 물론 그게 제가 그렇게 하지 않아도 해경을 통해서 다 돌아오겠지만 시일이 많이 걸리잖아요. 그래서 제가 있었으니까 카메라로 찍어서 밴드에 공유해서 "이거 누구 꺼냐" 알려주고, 그래서 빨리 찾았던 부모님도 계세요. 유품이라도 빨리 찾고 싶은 부모 심정은 다 똑같으니까…. 체육관[에] 갔을 때 바지선을 두 번인가 탔는데 그런 기억이 있어요.

근데 진짜 유품이 올라오면 우리는 정말 그게 소중한 물건이잖아요, 애들 물건이니까. 근데 해경이나 그런 사람들은 별로 소중하게 취급도 안 하고 그런 걸 보면서 더 마음이 아팠어요. 우리가 "아이들 유품이 올라오면 그냥 함부로 취급하지 말고 좀 소중하게 다뤄달라" 그런 얘기도 하고, 뭐 잠수부들이 또 바닷속에 들어가는 거, 들어가서 뭘 하는지 이런 걸 이제 모니터를 통해서 많이 지켜보기도 하고 그랬어요, 잠수사분들한테도 고맙다는 인사도 하고. 그러면서 체육관을 많이 다녔던 것 같아요, 반별로.

면담자   예. 모니터를 보면 배가 변형될 수 있다는 그런 것도 추측할 수 있겠네요.

혜선 엄마   그거는 모니터를 통해서도 보여요. 이제 잠수사분들이 들어가면 그분들이 카메라를 달고 가시는 것 같아요. 그래 가지고 이렇게 또 보면 설명도 해줘요. 또 해경도 있지만 민간 잠수사분들이 많으시잖아요. 그러면 들어갔다 오신 잠수사분들도 많거든요, 바지선에 올라가면. 그러면 그분들하고 얘기도 해보면 "격실이 합판으로 돼 있는데 이쪽으로 치우쳤네, 저쪽으로 치우쳤네" 이러시고, "유품이나 아이들을 찾으려고 해도 격벽이 붙은 데도 있고 이래서 정말 발견하기가 힘들다" 그러시기도 하고….

저희가 이제 추울 때도 체육관에 내려갔던 것 같은데, 나중에도 바지선을 탄 것 같아요. 이제 시간이 흐르니까 합판이니 물을 먹고 그러면 얘가[벽이] 변형이 되잖아요. 그러면은 [벽끼리] 붙어가지고 떼어내기도 힘들지만, 뻘[펄]이 엄청나게 찼다고 하더라고요. 뻘이 들어가 가지고…, 이제 그럼 뻘을 다 퍼내고 나서야 아이들을 찾을 수 있는데, 그게 정말로 작업하는 시간이 많이 들고, 내려가서 잠수할 수 있는 시간은 이렇게 또 제한이 되어 있는데, 한 번 돌아보고 오시려면 그게 시간이 너무 짧다고 그러시더라고요. 그때 잠수 시간이 해경은 15분, 20분 그랬잖아요? 그런데 민간 잠수사분들은 정말 목숨을 걸고 1시간 가까이, 잠수 방식을 바꿔서 다녀오시고 그랬잖아요. 변형이 됐다는 얘기를 그때 바지선[에] 올라가서 많이 들었던 것 같아요. 아직도 인양이 안 되고 있는데, 지금은 아예 안쪽이 엉망이 됐을 것 같아요. 그 당시에도 변형이 됐다고 그랬는데 지금은 시간이 2년이 넘게 흘렀는데, 오죽하겠나….

면담자   바지선에 올라가셨을 때는 1년 안 됐을 때였죠?

혜선 엄마   예, 1년이 안 됐을 땐데, '지금은 오죽하겠나' 싶어요.
오히려 시간을 끄는 것 같기도 하고, "변형이 돼서 건드릴 수 없다"
이런 말이 나올 때까지 시간을 끄는 것 같거든요. "세월호 건드리면
다 부서진다" 이런 말 나올 때까지…. 제 생각은 그래요. 시간을 끌
어서 어떻게도[든] 인양을 안 하려고 하는 것 같아요.

면담자   올해 안에 인양한다고 해놓고 계속 연기시키고 있는
상황이죠.

혜선 엄마   (눈물을 글썽이며) 아이들을 다 찾을 수 있으면 좋은데,
참…….

면담자   도보할 때 잠자리는 어떻게 해결하셨나요?

혜선 엄마   아, 도보할 때는 종교 단체 아닌 숙소 같은 데서 잘 때
도 있었고, 뭐 유스호스텔? 거기서 잘 때도 있었고, 기도원? 그런 데
서 잘 때도 있었고요, 체육관에, 그런 숙소를 못 잡을 때는 학교에
있는 체육관 그런 데서 잘 때도 있었어요. 그런 데는 난방이 전혀 안
되죠. 마지막에는 진도에 가서 학교 체육관에서 잤는데 난방도 안
되고 온풍기 이런 것도 없었고, 아주 추워서 잠을 못 잤어요, 그때
는. 아예 잠이 안 들더라고요, 너무 추워서. 핫 팩 하나 붙이고 바닥
에 담요 하나 얇은 거 깔고 자는데 잠이 안 들더라고요. 너무 추워서
떨고 있었어요, 밤새. 시설을 못 구할 때는 그냥 그렇게 잤어요.

면담자   2015년 4월 4일 날 2차 삭발식 이후에 1박 2일 동안
아이들 영정을 들고 광화문 도보 행진을 하셨죠.

혜선 엄마   예, 그때도 참여를 했었어요. 그때는 진짜 아이들 영정을 들고 갔었잖아요. 첫 번째 도보 때는 그냥 특별법 제정만을 외치고 걸었는데, 그다음에는 아이들 영정을 들고 가니까 그냥 내 아이와 같이 걷는다는 마음으로 걸었어요, 그때는. 그때가 더 힘들었던 것 같아요, 아이 영정[을] 들고 걸을 때가. '정말 이렇게까지 하는데도 정부가 특별법 제정을 안 해주고, 우리가 원하는 만큼의 결실을 못 얻으면 어떻게 하나' 그런 두려움이 컸던 것 같아요, '이렇게까지 해야 하나' 하는 마음도 있었고. '진짜 억울하게 간 것도, 이렇게 힘들게 간 것도 억울한데 이 아이들 영정까지 들고 걸어야 하나' 그런 분노나 두려움…, 그런 게 굉장히 컸던 것 같아요(침묵).

면담자   그때는 시민들의 호응은 어땠습니까?

혜선 엄마   그때도 첫 번째 도보할 때랑 같았어요. 많이 호응해 주셨어요. 그때 아이들 영정[을] 들고 갈 때도 비도 많이 와서 우비입고 가고, 아이들 영정에는 일회용 팩 같은 거 사가지고 비닐을 씌워서 들고 가고 그랬거든요. (안경을 벗어 눈물을 훔치며) 그때도 비가오는데도 국민들이 정말 많이 호응을 주셨고, 같이 많이 걸어주셨어요, 그때도. 그때까지는 국민들이 정말 많이 호응해 주셨어요. 지나가는 길목에 피켓 들고 "꼭 밝히시길 바란다. 특별법 제정되길 바란다. 힘내시라" 이러면서 간식도 나눠주시고, 걸어가면서 더 드시라고 간식도 주시고 물도 나눠주시고, 학생들도 나와서 뭐 물도 건네주고, 피켓도 들고, 박수도 쳐주고, 굉장히 많은 국민들이 호응해 주셨어요, 그때도.

면담자   코스도 처음과 비슷했습니까?

혜선 엄마   코스는 거의 비슷했어요. 저녁에 잠자는 장소만 달랐
고, 코스는 거의 비슷했어요. 광명에서 잤는데, 첫 번째 갈 때는 체
육관에서 잤고 이번에는 장애인 무슨 센터[광명 장애인종합복지관]였
던 것 같아요. 거기서 잤어요.

6
세월호 참사 1주기 광화문 집회

면담자   다음에 4월 16일 날부터 18일까지 1주기 행사 대신에
특별법 시행령 폐기를 요구하며 광화문 농성이 있었습니다.

혜선 엄마   예, 예. 그때가 경복궁 정문 앞, 광화문 현판 아래서
저희가 농성할 때거든요. 예, 맞아요, 그때였던 것 같아요. 그때가
저희가 이제 16일부터 가서 18일까지 사흘 동안 거기 가가지고 거기
서 농성을 했었죠.

면담자   거기가 광화문 현판 바로 앞에서였죠.

혜선 엄마   예, 광화문 현판 앞에서, 밑에서.

면담자   18일에는 시행령 폐기 집회를 하다가 시민들이 막 연
행되고 그랬고요.

혜선 엄마   음, 저희가 16일부터 거기 [광화문 현판 앞에] 자리 잡고
있으면 시민들도 이렇게 어디까지 가야 되겠다는 목표가 생기잖아

요. 우리가 거기 자리를 잡고 있으면, [시민들이] 그냥 무작정 밀고 들어올 수는 없으니까 [현판 앞까지를 목표로 해서 밀고 들어오지 않을까 했던 거죠]. 이런 표현을 해도 되는지는 모르겠는데, 그때는 '우리가 광화문 현판 앞에 자리를 잡고 있으면 시민들도 청와대를 향해서 가는 게 더 수월하지 않겠냐. 이제 목적지가 생기고 그러면 시민들이 더 많이 넘어올 수 있을 거다. 그러면 같이 청와대를 가자' 그런 취지에서 광화문 현판 앞에 있었고요.

그때 정말 굉장했었죠. 경찰들도 저희를 막으려고 수단과 방법을 안 가리고, 정말 치열했었어요, 그때는. 버스로 차벽[을 만들어] 막고, 그때 경찰도 저희 화장실[을] 못 가게 해가지고, 언론에도 많이 나왔지만, 경찰들 보는 앞에서 진짜 담요 펼치고 볼일 보고 그랬었어요. 거기 사흘 있는 동안 저희가 하룻밤은 자고 하룻밤은 왔다 갔다 했거든요. 그랬는데 그다음 날 들어가려니까 못 들어가게 하더라고요. 그래서 택시를 타고 현판 앞 멀리에 택시를 댔어요. 그런데 택시에서 못 내리게 해가지고 부모님들이 또 막 싸워주셔 가지고 택시에서 내려서 겨우 합류하고 그랬어요.

면담자   경찰이 부모님들을 택시에서 못 내리게 막았다고요?

혜선 엄마   예, 경찰이 못 내리게 하죠. 아예 택시도 못 내리게 하죠. 못 내리게 하는데 저희가 기사님한테 부탁을 드렸어요, "우린 저기를 꼭 가야 한다"[라고]. 기사님은 모르는 상태에서 이제 저희는 저기를 꼭 가야 하니까 현판 앞에 빨리 차를 대고 "우리가 빨리 내리겠다"[라고] 기사님께 부탁, 부탁을 해서 차를 대고 뛰어내리는데, 경찰들이 막아서 또 가족들이 달려와서 우리를 끌어 내려주셨어요. 그렇게 해서 현판 앞에 사흘째 되는 날 합류를 했어요, 첫째 날은 거기서 자고. 그때 경찰들도 우리를 막으려고 자기들 나름대로는 최선을 다 하는 거지만, 우리로서는 진상 규명을 막는 일이잖아요? 그래서 그때 좀 치열하게 싸웠던 것 같아요. 시민들이 18일 날 집회 끝나고 넘어오시면서 연행도 정말 많이 되고, 가족들도 많이 연행됐었어요. 그때는, 가족들도 많이 잡혀가시고….

광화문광장에서 광화문 현판 아래로 오면서 [경찰이] 차벽을 몇 겹으로 쳐놨었잖아요. 광화문 북단 끝에 차벽을 대고 중간에 도로는 비워놓고, 또 우리[가] 있는 광화문 현판 앞에 차벽을 또 쳤어요. 중간이 비었잖아요. 그 두 차벽을 넘어오면서, 시민분들이 차벽을 이렇게 넘어오려고, 시민들이 그래서 [경찰]차 밑으로 들어오시는 분들도 있고, 그렇게 오다 보면 넘어오니까 연행당하고, 또 경찰한테 붙들려서 막 이렇게 폭행당하시는 분도 있었고, 가족들도 그렇고….

또 거기서 어떤 대학생이 밖에 경찰들한테 끌려가더라고요, 제가 보니까. 이제 1차 차벽을 뚫고 넘어왔는데, 경찰한테 막 붙들려 가요. 그때는 저희가 '학생들은 정말 다치게 하지 말자', 우리 아이도 학생이고 하니까 부모들이 그런 마음이었거든요. 그래서 대학생을 끌고 가길래, 딱 보니까 대학생이고 학생이길래 제가 말렸어요. "왜 끌고 가냐, 학생들 그냥 가만히 놔둬라" [하면서] 제가 [경찰을] 딱 잡았는데 경찰이 저를 뒤로 휙 밀어가지고…. 오, 정말 뒤에 배낭을 안 메고 있었으면 아마 머리가 깨졌을 것 같아요. 너무 세게 밀려가지고, 뒤에 배낭을 큰 거 메고 있어서 머리가 땅에 닿진 않았는데 목이 확 젖혀지잖아요. 그래서 일주일 이상 고생을 했고요, 목이 아파 가지고.

그때는 그 사람들이 뭐 유가족이든 학생이든 전혀 안중에 없이 무조건 막는 데만 치중을 했었어요, 경찰들이. 그래서 그때 많이 대학생들도 연행되고, 시민들도 연행되고 [했었어요]. 거기서 이제 넘어오고, 1차 차벽을 넘어오신 분들이랑 같이 저희가 또 청와대로 가자고 해서 조금 더 올라갔었어요. 그 과정에서 시민분들이 많이 연행이 되셨었죠. 그때 굉장히 치열하게 경찰하고 대치가 됐던 것 같아요.

면담자　　　그때 경찰들이 심하게 막았네요.

혜선 엄마　　　경찰들은 어디에서나 그래요. 우리 유가족들이나, 유가족 편에 서서 같이 싸워주시는 분들은 정말로 사력을 다해서 막는 것 같은데, 보수 단체들이나 일베들이나 뭐 이런 사람들이 와서 앞에서 맞불집회를 한다든지 우리한테 막 욕을 하고 그래도 그런 사람들은 전혀 제지를 안 해요. 그런 거는 정말 여러 군데서 많이 봤거든요. 그때 시민분들[이] 많이 연행되어 가지고 서울에 있는 경찰서에 연행이 정말 많이 되셨어요, 여러 군데. 그래서 한 48시간 동안인가 연행돼 가지고 있는, 풀어주는 시간이 그렇잖아요. 저희가 너무 고맙고 죄송하고 그래서 저희도 몇 분씩 팀을 나눠가지고 경찰서를 가서 방문한 적이 있어요. 저도 몇 군데 갔다 오고 그랬는데, 가서 "너무 고맙다, 죄송하고 고맙다. 조금만 버텨주시라. 변호사님도 애쓰고 있으니까 곧 나오실 거다" 하면서 면회 신청을 해서 그분들[을] 경찰서까지 가서 만나 뵙고 그랬어요.

면담자   어머님은 어느 경찰서에 가셨습니까?

혜선 엄마   경찰서가[를] 몇 군데 갔는데, 구로경찰서도 갔던 것 같고요.

면담자   구로면 광화문에서 먼데…, 연행된 시민들을 막 흩어 놨군요.

혜선 엄마   한 군데에 놔두는 게 아니라 여러 군데 막 경찰서마다 몇 분씩, 서너 분씩 이렇게 다 두셨더라고요. 이제 한 번에 다 부모님들이 찾아갈 수 없으니까 세네 분씩 나눠서 다 면회하고 그랬어요. 너무 고마웠어요. 마침 갔는데 또 풀려나는 시간이 돼서 마지막에 들른 경찰서에서는 [연행된 분들과] 같이 식사도 하고 많은 얘기도 나누고 그랬었어요. 오히려 저희들을 더 위로해 주시더라고요, 그분들이. 그분들은 자발적으로 시위에 참여하셨던 분들인데, 밀고 올라오는 과정에서 연행되서 가지고 저희들은 너무 미안한데 그분들은 미안해하실 것 없다고, 오히려 저희들을 위로해 주시고 앞으로 끝까지 같이 싸우겠다[고] 말씀해 주셔서 정말로 큰 힘이 됐어요.

면담자   그리고 5월 1일에도 특별법 시행령 폐기를 위한 1박 2일 철야 농성을 하셨죠. 이때 안국역에서 물대포를 맞으면서 밤새 집회 하셨고요.

혜선 엄마   예, 맞아요. 그때 저는 정말 물대포라는 것을 맞아보고, 음… 제일 심하게 맞아봤던 것 같아요. 1주기 되기 전에는 거의 물대포도 안 쏘고 그랬었는데 1주기[가] 지나고 나고 하니까 [심하게 쏘기 시작하더라고요]. 뭐 그 전에는 물대포를 쏘더라도, 뭐 최루탄 같은 걸 쏘더라도 가족들은 항상 노란 옷을 입고 가잖아요. "노란 옷 입은 사람은 쏘지 마!" 하는 얘기가 들리거든요, 경찰들이 하는 얘기가. 근데 이제 1주기 지나고 나니까 그런 게 없어요. 유가족들이고 노란 옷을 입었건 안 입었건 이제 다 같이 시민들이랑 다 같이 취급을 하더라고요. 그니까 자기들도 이제 정부에서 잘못한 게 있으니까 1주기까지는 봐준 것 같은데 1주기 지나고 나니까 전혀 그런 게 없더라고요.

안국역에서 집회를 할 때도 가족들이 다 노란 옷을 입고 갔었고, 이제 물대포[를] 쏠지도 모르니 "우비를 챙겨 가자" 해서 저희도 우비를 챙겨 갔어요. 우비도 얇은 거 1000원짜리였는데, 금방 찢어지잖아요. 그런 거를 입고 저희도 물대포를 맞았는데, 그때 가족협의회에서 "우리가 제일 선두에서 앞장서자. 물대포를 맞더라도 우리가 먼저 맞고 끝까지 우리가 버티자. 도와주시는 시민분들도 있으니까 그래야 그분들도 더 힘을 낼 거 아니냐" 그래서 저희가 제일 앞에서 물대포를 맞았거든요. 정말로 그동안 시민분들이 어떻게 이런 물대포를 맞았을지…, 저희 눈으로 다 봤잖아요. 물대포를 맞았을 때 얼마나 힘들고 고통스러웠을지 그때 정말로 느꼈거든요.

물대포에 최루액을 정말 너무 많이 섞어가지고…, 그날 1년 사용할 걸 다 썼다고 하잖아요. 길바닥을 보면은 밀가루 풀어서 막 물이 줄줄줄 흐르는 것 같아요. 하얀 물이 정말로 찐하게 흘렀어요. 그러면은 최루액을 얼마나 많이 탔는지 알 수가 있거든요. 그 물대포를 저희가 앞에서 맞았는데, 정말 숨을 쉴 수가 없고, 진짜 콧물 눈물은

121

2회차

말할 것도 없고요. 막 토해내는데 그냥 저는 그때 느낌이 내 몸이 오징어처럼 돼가는 느낌이었어요. 막 몸이 이렇게, 구역질을 할 때 내 몸이 오그라드는 게 내가 오징어가 돼가는 것처럼 오그라드는 느낌이었거든요. 속에 있는 걸 다 토하고, 아무리 멀리 가도 그 최루액 기운이 가시질 않아요. 경찰들은 뭐 헬멧을 쓰고 다 그러고 있는데, 그렇게 썼음에도 걔네들도 막 기침을 하고 토하고 그러더라고요. 너무 못 참겠어서 저 멀리까지 갔는데도 그래도 안 돼요.

조금 있다가 또 다시 와서 같이 앞에 서 있고 [하다가 또 물대포를 많이 맞으면] 이제 진짜 멀리에 있는 화장실을 갔는데, 그 화장실이 3층인가 4층인가 그래요. '건물이 있으니까 최루액이 안 들어왔겠지' 하고 화장실에 갔는데, 3층에 있는 화장실도 최루액이 꽉 차가지고 도저히 숨을 쉴 수가 없어 가지고 그냥 나왔어요. 그 정도로 많은 최루액을 걔네들이 사용을 한 거죠. 그래서 그날 밤에 안국동에서 그렇게 물대포를 맞으면서 하룻밤을 보내고, 그다음 날까지 있었어요. 안국동에서 1박 2일 있을 때, 다음 날 새벽에 이제 저희가 대로변에서 노숙을 했잖아요. 전날 저녁에, 정말 경찰들이 치밀한 게, 유가족과 시민을 떼어놓기 위해서, 그 정도 훈련으로 진상 규명을 하면 1년도 안 걸릴 것 같아요. 정말 우리가 '절대 시민들이랑 흩어지면 안 된다' 해서 요소요소에 있었는데, 잠깐 무엇을 의논하자고 해서 잠깐 모였는데, 그새 시민들이랑 분리를 딱 시키더라고요.

면담자   시민들의 대오와 부모님들 중간에 뭘 막아둔 건가요?

혜선 엄마   예. 가족들이 잠깐 모인 사이에 경찰들이 확 쳐들어와가지고 딱 분리를 해서 시민들이 집에 다 가게 만들었어요. 그래서 그 새벽에는 시민분들이 그렇게 많지는 않았고, 어차피 합류를 못 하니까 돌아가신 시민분들이 많아요. 그래서 저희들만 안국역 사거리 중앙에다가 저희가 자리를 잡고 잤어요, 밤에. 잤는데 새벽이 돼서…, 이제 잠을 잔 것도 아니죠, 그냥 누워 있었으니까. 이제 있는데, 새벽이 되니까 애네들이 차선을 하나씩 하나씩 차를 다니게 하는 거예요. 시민들보고 우리를 보라는 거죠, 경찰들은? '유가족들이 이렇게 농성을 하고 있어서 교통도 방해하고 차가 다니는데 불편하다' 이런 걸 보라는 식으로 차를 이제 한 차선씩 자꾸 이렇게 여는 것 같아요.

면담자　　　부모님들이 지금 도로 중간에 있는데.

혜선 엄마　　우리가 중앙에서 농성을 하고 있는데 바깥에서 한 차선씩 애네들이 밀고 오는 거예요.

면담자　　　지나가면서 운전자들이 보라고.

혜선 엄마　　예, 보라고, 가족들이 그렇게, 가족들만 있었으니까. 진짜 걔네들 계획대로 지나가시는 시민분들이 욕을 하는 거예요. "왜 아직도 거기서 농성을 하고 있냐. 왜 길 한복판에서 이러고 있냐. 교통이 불편하지 않느냐" 이러면서 지나가시는 분들이 욕을 하고, 차를 세워서 막 싸우고 그래요. 근데 경찰들은 정말 보수 단체뿐만 아니라 그런 것도 말리지를 않아요, 애네는. 거기서 이제 질서유지를 위해서 민변[민주사회를 위한 변호사모임]이나 이런 데서 오신 분들도 있고, 파란 조끼를 입고 많이 중재를 하시는 분들이 계셨거든요. 그분들이 시민분들을 말리면서 "지금 이런 이런 농성 중이고 그러니 불편하시더라도 좀 참아달라" 이러면서 중재를 하시는데도 그 시민분은 불편하시니까 화를 많이 내셨어요. 그니까 옆에 있는 가족도, 우리도 처음에는 "미안합니다, 미안합니다" 했는데 그렇게 어떻게 하다 보니까 서로 시민분들이랑 우리랑 언성이 높아지고 막 싸움까지 하게 됐는데도, 경찰은 그냥 옆에서 이렇게 그냥 팔짱만 끼고 보는 거예요. 그니까 우리는 경찰하고 또 싸움이 붙은 거죠. "왜 경찰은 가만히 있느냐. 경찰이 뭐 하는 거냐. 가족들만 막으라고 있는 경찰이 아니라, 시민이랑 우리랑 충돌이 생기면 경찰이 중재를 해줘야 하지 않냐. 일부러 차선은 열어놓고 이게 뭐 하는 짓이냐" 그러면서 경찰이랑 정말 많이 싸웠는데요. 그렇게 충돌을 해도 경찰은 절대 말리지를 않아요. 중재하려고도 하지 않고, '그냥 싸워라' 이러고 보고 있더라고요. 그거를 그렇게 만들려고 차선을 연 것 같거든요.

그러면서 아침을 맞고, 아침을 먹고 철수를 했던 것 같아요. 한 점심때쯤 해서 철수했던 것 같아요. 경찰도 정말 우리가 시민들하고 싸우기를 바라고, 우리한테 우호적인 분들은 박수를 보내주시겠지만, 우호적이지 않은 분들은 일단 불편한 걸 먼저 생각하게 되시잖아요. 그런 것들을 유발하기 위해서 우리만 남겨놓고 차선을 하나씩 열고 그랬던 것 같아요. 그때도 정말 국민들[이] 많이 고생하셨어요, 최루액을 너무 많이 타가지고. 저도 그때 처음으로 심하게 그랬는데, 눈에 들어가니까 눈도 못 뜨겠고, 물로 눈을 씻어내도 엄청 따갑고요. 그때 최루액을 많이 맞고 근육이 뭉쳐가지고 엄청 고생했던 적이 있어요. 한 열흘은 고생한 것 같아요. 근육이 뭉쳐가지고 막 목

도 안 돌아가요. 최루액을 많이 마시니까 그거도 굉장히 힘들더라고
요. 그때 고생하신 부모님들도 굉장히 많아요. 병원도 다니시고 그
랬는데, 저는 그냥 조금 참고 한 열흘 고생했던 것 같아요.

면담자   1주기 이전하고 이후하고 그 경찰들이 대하는 게 많
이 바뀌었네요.

혜선 엄마   많이 달라졌죠.

면담자   이후로도 물대포 때문에 많이 고생을 하셨는데, 특히
백남기 님께서 돌아가셨을 때도 느낌이 남달랐겠습니다.

혜선 엄마   그때는 세월호가 주관하는 집회는 아니었지만 다 같
이하는 집회였잖아요. 그분이 또 우리 때문에 돌아가신 거 아닌가
하는 죄책감도 있어요. 우리 아이들[을] 그렇게 억울하게 보냈는데
이분도 너무 억울한 죽음이니까 미안하고 죄송하고 안타깝고 그렇
죠. 그분을 위해서 하는 집회에도 가족들이 많이 참여하고, 마지막
가시는 길도 저희가 가서 보고, 가족들도 병원에 있고 많이 그랬잖
아요. 그니까 '정부는 어떤 상황에서도 국민을 지켜주려고 노력을
하지 않는다'는 것을 다시 한번 깨달은 계기가 된 거죠. 백남기 농민
[이] 다치셨을 때, 그러고도 책임 회피만 하고, 아무도 책임을 지려고
하지 않고 다 떠넘기려고만 하고…, 우리 아이들 세월호 참사
때나 백남기 농민 다치셨을 때나 다 발뺌하는 건 똑같은 것 같아요,
책임 떠넘기기. "이렇게 할 수밖에 없다"[라고만 하고], 다 똑같은 것
같아요. 그냥 내용만 다르지 맥락들은 다 똑같은 것 같아요. "구조도
할 수 없었다"고 변명을 하잖아요. 백남기 농민도 그렇게 "물대포를

쏠 수밖에 없었고, 규정에 따라서 했다"[라고 했잖아요]. 다 똑같은 것 같아요, 변명하는 게. 그러면서 국민들도, 이제 세월호 참사 때 못 느꼈던 분들도 백남기 농민[이] 다치셨을 때 또 한 번 더 생각을 하게 되셨을 거라고 생각을 해요.

면담자   그래서 그분이 병원에 계실 때 항상 어머님, 아버님들 도 계시더라고요.

혜선 엄마   마지막 가실 때는 다 같은 아픔을 겪은 분이고, 그분 가족들이나 우리 가족들이나 다 같은 마음일 거라고 생각을 하거든 요. 저희는 그래도, 이게 가족이 많아서 좋은 일은 절대로 아닌데, 그래도 250명이나 되니까 서로 의지하고, 우리 가족들끼리 만났을 때는 웃을 수도 있고 울 수도 있고…. 남들이 볼 때는 [우리가] 웃는 다고 하지만 저희들은 웃으면서도 눈은 울고 있고 그러잖아요. [세월 호] 가족들끼리는 울고 웃고 할 수가 있는데 그분들은 한 분[한 가족] 이잖아요. '가족들이 얼마나 힘드실까' 그런 생각도 많이 하게 됐고, '우리 때문에 또 그러실 수도 있다' 싶어서 "가시는 길은 우리가 영접 을 해드리자" 해서 가족들이 같이 갔었어요. 돌아가시고 나서 또 시 신 탈취 이런 위험 때문에 부모님들이 병원에서 밤을 샌 적도 많고 그러셨어요.

면담자   그게 확실하게 정부가 어떻게 국민을 대하는지 보여 주는 상황이었겠네요.

혜선 엄마   예, 그렇죠. 세월호 때랑 별반 다를 게 없어요. 그분도 진상 규명 꼭 해야죠, 어떻게 돌아가셨는지. 세월호[와] 더불어서 억울한 일들이 대한민국에 한두 가지가 아니지만, 정부에 의해서 다 잘못되신 거잖아요. 그런 건 꼭 밝혀야 한다고 생각을 해요.

7
동거차도 인양 감시 활동

면담자   그리고 2015년 9월부터 동거차도에서 인양 감시 활동을 하셨는데 어머님도 참여하셨습니까?

혜선 엄마   예, 저도 한 번 다녀왔어요. 저희는 모든 활동이 이제 반별로 돌아가거든요. 장기적으로 하는 일일 때는 반별로 돌아가는데, 이제 9반이 이번 주에도 들어가요. 내일 들어가네요.

면담자   그럼 몇 박 며칠로 다녀오시나요?

혜선 엄마   일주일이에요, 한번 가면. 이제 힘들 땐 2박 3일 나눠서도 [가지만], 일주일도 어쨌든 같은 반에서 지켜야 하는 거예요. 일주일 다 못 가실 때는 이제 2박 3일로 나눠서 가기도 하고 그러거든요. 근데 저는 첫 번째 9반이 들어갈 때 그때 갔다 왔어요. 3박 4일 갔다 왔는데 그때는 가실 부모님들이 많아서 한꺼번에 다 들어가면 잠자기도 힘들거든요, 천막이 하나밖에 없었어 가지고. 지금은 세 개가 생겼지만 그때는 하나밖에 없어서 다 못 자니까 "그럼 나눠서 가자"고 해가지고 세 명씩 3박 4일 갔다 왔거든요. 그렇게 갔다 오고, 가서 보니까 진짜 동거차도랑 세월호가 침몰한 곳이랑 너무 가깝더라고요. 눈으로 봐도 보이는 곳인데, '정부는 정말 손을 놓고 있었구나. 구조할 마음이 전혀 없었구나' [하는 걸 알겠더라고요]. 뭐 그 전부터도 알고 있었지만 동거차도 가서 보니까 다시 한번 더 확인하는 마음이 확신을 가지게 된 거죠, '정말 구조를 하지 않았다'[라는 걸].

면담자   어떤 점에서 그런 것 같습니까?

혜선 엄마   동거차도 주민분들이 얘기하시는 거, 그분들은 바다에서 많이 생활을 하셨잖아요. 사고가 났을 때 어떻게 하면 된다 하는 것도 아시는데, 해경이라고 그거를 몰랐겠습니까? 해경들은 바다에 살고 바다에 죽고 하는 분들 아니에요? 그걸로 직업이신 분들은 어민들보다 더 잘 아시겠죠, 사고가 났을 땐 어떻게 구출을 해야 한다[는 것을]. 동거차도 주민분들은 사고가 났을 때 그 배를 끌고 왔으면 됐을 거라고 말씀을 하시더라고요. "크레인을 이렇게 탁 해서 끌고 왔으면, [동거차도에서 침몰 해역이] 가까우니까, 일 점 몇 킬로[km] 밖에 안 되니까 끌고 왔으면 이제 구조할 애들은 구조하고 그렇지 못한 애들도 빨리 수습이 됐을 거다. 지금까지 세월호가 저렇게 안 있을 거다" 그런 말씀을 듣고 보니까 '정말 정부가 구조하려는 노력을 기울이지 않았구나' 그런 걸 다시 한번 알게 됐죠. 어민분들도 그렇게 말씀을 하시는데 도대체 정부는 참사가 일어났을 때 그 골든타임을 어떻게 그렇게 허비를 하고, 아이들을 구조하지 않았는지…, 동거차도 가서 다시 한번 더 확인하는 계기가 됐죠.

면담자   저도 영상으로 부모님들이 감시하시는 것을 본 적이 있었는데, 어머님들이 천막을 치고 계신 데서 화면을 찍은 건데, 되게 가깝더라고요.

혜선 엄마   예, 그냥 눈으로 봐도 보여요. 망원경도 있지만 망원경으로 안 봐도 다 보이거든요. 정부가 구조를 하지 않은 거죠. 체육관에 있을 때도 마찬가지지만, 정부는 뭐 "지금은 이래서 안 되고 날씨가 안 좋아서 안 되고 장비가 이래서 안 된다"고 변명만 했어요. 가족들이 "이런 거 한번 해보자" 하면 그때서야 움직이는 척하고, 나중에 보면 결과물은 없고 움직이는 척만 한 거죠, 며칠 동안. 항상 그랬어요. 체육관에 있을 때 "에어포켓이 있으니 공기주입을 해달라" 하니까 움직이는 척하다가 공기주입을 했다 발표해 놓고 나중에 보니까 공업용 공기를 넣어놓고, 그거조차도 턱도 없이 모자란 양을 넣어놓고 다 넣었다고 그러고…. 가족들이 얘기하면 그때서야 움직이고 하는 척만 했어요, 정부는.

그 동거차도 주민들 말씀대로 "크레인을 걸자"고 가족들이 정말 많이 건의를 했었거든요, 체육관에 있을 때. 그랬는데도 한다, 한다 말만 하고 결국은 안 했거든요. "크레인을 걸어서 잡고 있어라. 그러면 구조하기도 쉽고 어딘가에 에어포켓이 형성이 될 거다" 그래서 우리 부모님들이 정말 많이 건의를 했거든요, 처음에 한 사흘 동안. 일단 그때는 비가 온다고 막 그랬거든요, 며칠 동안. 며칠 지나고 나서 비가 오면 작업을 또 못 한다고 하더라고요. 그래서 "그럼 비 오기 전에 빨리 해라" 정말 부모님들이 항의를 많이 했는데 한다, 한다 말만 하고 결국은 안 했어요. 그니까 의지가 정말로 없었던 거죠. 부모님들 말을 그냥 들어주는 척만 하고 아무것도 실행에 옮긴 건 없는 것 같아요, 그분들이. 이제 동거차도에 가면 '진짜 살릴 수 있는 아이들이었는데 정부가 손 놓고 있는 바람에 우리 아이들이 갔구나'

그런 생각이 들어서 정말 힘든 곳이에요, 동거차도가요. 정말 잠도 자기 힘들고, 뭐 여기에 있어도 그렇지만은 가까운 곳에 있으니까 더 그런 것 같아요, 동거차도는.

면담자　　　아직 상하이샐비지에서 작업을 하고 있습니까?

혜선 엄마　　　작업은 하고 있다고 들었어요, 거기서. 리프팅 빔[인양 받침대] 이번에도 갈아 끼워 넣고 했다는데…, 근데 저희가 이제 동거차도에서 지켜보면, 낮에는 거의 작업을 안 하는 것 같아요. [낮에는] 얘네들도 움직임이 거의 없어요. 인부들만 왔다 갔다 하고 물건만, 부식인지 물건인지는 모르겠지만 물건만 한두 번 실어 나르고, 전혀 뭐 세월호 인양에 관한 작업은, 물속에서 하니까 물론 못 볼 수도 있겠지만, 그러려면 물건들이 바다로 내려가고 올라오고 해야 하는데, 작업이 거의 없어요, 낮에는. 저희가 갔을 때도 그렇고, 거기 가면 천막 안에 부모님들이 적어놨어요, 얼마나 분하고 억울하면 "너희들은 왜 낮에 작업을 안 하고 밤에만 시끄럽게 작업을 하냐"[라고요].

면담자　　　그럼 밤에는 작업하는 소리라도 들립니까?

혜선 엄마　　　그게 세월호 그쪽에서 또 작업을 하면 소리가 들려요, 거기까지. 그래서 이제 아빠들이 들어갔을 때 밤에 작업을 굉장히 많이 한 것 같아요. "너희들은 낮에 작업을 안 하고 밤에 작업을 하냐"고 천막에다 써놓으셨어요. 그니까 그 글귀를 보고 저희가 지켜봐도 낮에는 정말 작업을 안 하더라고요. 어떤 작업을 할 때는 소리가 이렇게 들려요, 워낙 가까우니까.

면담자   부모님들은 동거차도에서 주로 인양 작업을 지켜보시고만 계시는 거죠?

혜선 엄마   그쵸. 얘네들이 상하이샐비지나 해수부나, 어떤 물건이 들어가고 나오는지를 카메라로 보면 인식은 안 되지만은, 이제 "몇 시쯤에 어떤 걸 옮기더라, 사람이 몇 명 타고 몇 명이 내리더라" [라고 기록하죠]. 크레인이 굉장히 크잖아요. 크레인이 돌아가면서 작업을 한다는 얘기니까 크레인이 방향이 어떻게 되고, 어떻게 변하는지 그런 거를 이제, 크레인이 움직이거나 사람이 타고 내릴 때는 저희가 영상을 저장을 해요. 그냥 지켜보다가 [녹화해서] 저장을 하는데, 그러면 멀리서 볼 때는 그게 어떤 일을 하는 건지 모르지만 영상을 찍어놨다가 가협에서 확인을 하고, 좀 중요하다 싶은 장면은 해수부에 문의를 해요. "며칠 몇 시에 이런 장면이 있는데 이거는 뭐 어떤 걸 하는 장면이었냐" 문의를 해서 확인하는 작업을 하거든요. 그런 걸 감시하기 위해서 동거차도에 있는 거고요. 부모님들이 일주일씩 다녀오시는 거죠.

면담자   감시 활동은 어떻게 결정하게 되신 겁니까?

혜선 엄마   세월호 인양을 한다는데 어떤 식으로 하는지, 정말로 하는지, 그런 걸 감시하기 위해서 처음부터 하게 된 거죠, 정말로 인양을 하는지도 봐야 되고. 세월호에서 무슨 뭐 비밀스러운 걸 꺼낼 수도 있잖아요? 큰 물건을 꺼낸다든지 그런 걸 지켜보기 위해서, 진상 규명을 위해서 온전한 선체가 필요하니까, 그런 걸 빼내지 못하게 감시도 하고.

면담자   동거차도에서 숙식은 어떻게 해결하십니까?

혜선 엄마   텐트에서 자고 먹고, 세수는 이제 페트병 물을 [가지고
하지요]. 전기는 들어와요. 전기가 들어와서 전기장판은 켜놨는데 물
이 없어요. 수도가 없으니까 물을 다, 먹는 거 마시는 거 씻는 거 밥
하는 거 이런 건 다 지고 올라가야 돼요, 산꼭대기로. 그러니까 물
한 병 쓰기가 정말 아깝죠. 최소한의 물만 이용해서 세수만, 세수도
어떨 때는 물티슈로 닦고 그렇게 생활을 해요. 일주일 동안 있으면
서 물을 다 지고 올라가야 되니까, 밥 먹고 설거지하는 것만 해도 물
이 많이 들어가잖아요.

면담자   그 산 위에서 밥을 직접 해 먹어야 하나요?

혜선 엄마   예. 밥은 해 먹죠, 햇반 같은 거 사다 놓고 찌개만 간
단하게 끓여서 먹고. 근데 아빠들이 가실 때는 아빠들이 엄마들[을]
위해서 물도 많이 올려다 놓고 그러시거든요. 근데 요즘은 또 보면
엄마들이 많이 가는 것 같더라고요. 초창기에는 아빠들이 가서 천막
다 만들고 하셨는데 중반부터 해서는 엄마들이 많이 가서서 물을 많
이 못 올려다 놔서 아껴서 쓰고 있다고 하더라고요. 저희도 그냥 페
트병 하나 가지고 세수하고 양치하고 다 했거든요. 그게 제일 힘든
것 같아요, 물 쓰는 게. 뭐 우리 아이들[이 겪은] 고통에 비하면 아무
것도 아니지만…. 저희는 힘들 때마다 생각하는 게, '우리 아이들에
비하면 이건 아무것도 아니지. 우리 아이들은 얼마나 힘들게 갔는
데, 이거는 뭐 아무것도 아니다' 이런 생각을 하면서 힘을 내죠.

단원고 교실 존치를 위한 투쟁

면담자   그리고 2015년 10월부터 교실 존치를 위해 교육청에서 피케팅을 하셨다고 되어 있네요.

혜선 엄마   예, 이제 [단원고] 재학생 부모님들이 "재학생들의 수업에 방해가 된다. [교실을] 빼라" 그런 이야기가 많았었죠. 시민분들도 뭐 우호적인 분들은 우호적인 분들이지만, "아이들이 간 건 안타깝지만 교실은 학교에 돌려줘라" 하시는 시민분들도 계셨고, 존치해야 한다는 시민분들도 계셨고. 이제 뭐 시민보다는 단원고에서 적극적으로 교실[을] 존치할 수 있다고 해줬으면 할 수 있었는데, 단원고에서 오히려 적극적으로 나서서 재학생 부모님들이랑 "교실을 빼라. 일단 학교 밖으로 나가라" 그렇게 나와서, 저희가 교육청 앞에서 피케팅을 하게 됐어요.

면담자   경기도교육청에서요?

혜선 엄마   예, 경기도교육청 앞에서 한 몇 개월 동안 했는데요. 거기 가서도 뭐 그렇게 피케팅을 했음에도 불구하고 교육청이나 단원고는 전혀 협조하지 않았고요. 결국에는 사회적 합의를 통해서 7대 종단 지도자분들하고 교육청, 안산시 뭐 이런 분들하고 합의를 해서 결국에는 교실을 빼자는 결론이 나왔어요. 저희가 피케팅한 건 별 효과가 없었던 것 같아요. 거기에 영향을 주진 못했던 것 같고, 결국엔 단원고 뜻대로 저희가 교실을 빼게 됐죠.

면담자   교육청에서는 누구를 만났습니까?

혜선 엄마   우리 운영위원회 쪽에서 그 협의체, 교실을 존치하느냐 안 하느냐 그걸 결정하기 위한 협의체가 있었거든요, 그 협의체 분들이 많이 만났는데, 교육청은 뭐 떠넘기는 거죠. 자기들은 결론을 못 내고 "단원고랑 우리 유가족들이랑 협의를 해오면 그 뜻에 따라서 해주겠다" 이렇게 발뺌을 해서 저희가 피케팅을 했고, 결국은 우리가 쫓겨나게 됐죠. 저희는 뭐 우리 아이들이 뛰놀던 데고, 또 교실에 가면 우리 아이들이 있을 것 같고, 아이의 손길이 닿았던 곳이니까 존치를 하고 싶었고⋯. 사실 그런 생각에서만 존치를 하고 싶은 게 아니라, 직접적으로 일어난 참사 현장은 아니지만 아이들이 뛰던 교실이 이렇게 빈 교실이 되었다는 걸 전 국민이 보면 정말 이런 참사는 일어나지 않아야 한다는 걸 느끼게 될 것 같거든요.

저희도 교실을 갈 때 정말 마음이 아프고⋯, '국민들은 정말 이런 일을 겪지 않았으면 좋겠다'는 생각이 정말 많이 들거든요. 이런 현장을, 이런 교실을 그런 교육적인 목적에서도 교실이 존치가 됐으면 하고 바랐는데, 결국은 빼게 됐습니다. 흔적을 하나하나 지우다 보면 참사가 일어났던 것도 잊게 되거든요. 정말 많은 참사가 있었지만 저도 이 참사가 일어나기 전에는 기억 속에서 그렇게 오래가지를 못했어요. 그런 차원에서 단원고 교실을 남겨놓으면 국민들이 1년에 한 번을 오시든, 2년에 한 번을 오시든 한번 보면 다시 한번 더 생각을 하게 되고, 사회에 많은 관심을 가질 것 같거든요, 이런 참사나 재난에 대해서. 그런 교육적인 목적에서도 정말 남았으면 하고 바랐어요.

면담자   하지만 결국 부모님들 손으로 아이들의 물건을 교실에서 빼야 했습니다.

혜선 엄마   그때도 학교에 있었는데요. 사회적 합의를 통해서 기간을 설정하고 지금은 안산교육지원청 별관에다가 아이들 교실을 재현을 해놨잖아요. [기억저장소] 기록팀에서 수고를 하셔가지고 했는데, 교실 빼는 날 학교를 갔는데 도저히 교실을 못 들어가겠더라고요. 내 손으로 내 아이의 책상을 빼야 되나 싶은 생각이… [그래서] 교실을 못 들어가고…. 그냥 마음은 혜선이 물건이니까 남의 손 닿지 않고 내 손으로 안아서 안산교육지원청까지 옮기고 싶었는데, 마음은 정말 굴뚝같은데 내 손으로 못 빼겠어서, 교실에 들어가지 않고 그냥 시민분들이 옮기시게 그냥 옮기시는 거 지켜만 봤어요. '내 손으로 단원고에서 못 뺀다' 그런 생각이 들더라고요. 가기는 아침 일찍부터 가서 밤늦게까지 있었는데 지켜보기만 했습니다, 아이가 쫓겨나는 것 같은 생각이 들어서.

학교에서는 우리 아이들을 학생 취급도 안 하고, 졸업도 못 시키고…. 수학여행을 데리고 갔으면 아이들[을] 멀쩡하게 살아서[살려서] 데리고 와야지 그렇게 하늘로 보내놓고…. 그럼 떠나면 그만인 거라는 얘기잖아요. 학교는 '아이들은 떠나면 그만이고 떠난 아이들은 우리 학교 학생이 아니다' 이런 생각을 가지고 교실을 없애버리는데, 그 학교에서 제 손으로 아이 책상을 뺄 수가 없었습니다, 그렇지 않아도 쫓겨나는데. 그래서 많은 부모님들이 학교에 오셨지만 본인 손으로 아이 책상을 빼지 않은 부모님들이 정말 많으세요. 그래서 그냥 시민분들이 빼시는 거 지켜만 보고…, 고맙고 미안하지만… 도와

드릴 수가 없었어요. 안산교육지원청 거기까지 차마 쫓아갈 수가 없더라고요. 거기는 정말 보고 싶지가 않았어요, 처음에는. 단원고 있을 때는 마음이 아파도 들렀었는데, 안산교육지원청은 가고 싶지가 않더라고요.

면담자   아이들의 교실을 안산교육지원청 별관에 재현했는데, 그곳은 가고 싶지 않았다는 말씀이시죠?

혜선 엄마   예, 교실을 거기로 옮겼는데, 단원고에서 떠나는 것만 보고 안산교육지원청 가는 것까지는 따라가지도 않았어요. 보고 싶지가 않더라고요. 거기는 우리 아이들 교실이 아니잖아요. 아무리 재현을 해놨어도 우리 아이가 숨 쉬고 살았던 곳이 아니고, 우리 아이들[의] 숨길이 닿지 않은 곳이니까 가고 싶지가 않아서 한동안 안 갔는데…. 정말 안 가고 싶었고, 앞으로도 안 갈 거라고 생각을 했거든요, 처음에는. '내 아이가 있던 곳이 아닌데 거길 뭐 하러 가. 필요 없다' 이랬는데 기억저장소에 들어와서 일을 하게 되면서 가게 됐어요.

면담자   그러면 옮기고 나서 한참 있다가 가보신 겁니까?

혜선 엄마   예, 한참 있다가. 이제 몇 개월 동안은 또 개방을 안 했으니까. [기억교실 재현을] 준비하는 동안은 개방을 안 했고, 기억저장소 기록팀이랑 부모님들이 이렇게 같이 재현을 해서, 똑같지는 않지만 어느 정도 재현을 해서 지금 시민들한테 개방을 했거든요. 그래서 가끔씩 갑니다. 지금은 별로 교실이라는 느낌은 없어요, 교실에 가도. 왜냐면 내 아이의 물건이 있는 것뿐이지 단원고 교실이라는 느낌은 전혀 안 들고요. 단원고[에] 있을 때와는 느낌이 정말 다르더라고요. 만약에 제가 기억저장소 일을 안 했다면 아마도 안 갔을 것 같아요, 지금도. 지금도 안 갈 것 같아요. 그래도 이제 제가 일을 하고 하다 보니까 부모님들이 많이 와주셨으면 [하는 거지요]. 그래도 아이들 교실이니까 시민분들도 오시고 하는데 [부모님들도] 많이 다녀가 주셨으면 하는 바람이죠, 힘들더라도. 국민들한테도 많이 알리고 해야죠. 잊혀지지 않게, 이런 참사를 다시는 겪지 않게 많이 알리고 해야 할 것 같아요.

면담자   얼마 전 민중총궐기 때 백남기 님께서 돌아가신 민중총궐기 때 어머님도 가신 거죠?

혜선 엄마   예. 세월호에 대한 집회에서도 처음에는 "박근혜 퇴진" 이런 거 참 외치기 꺼려했잖아요. '오히려 그런 것 때문에 세월호 진상 규명이 어려울 수 있다' 그래서 그런 걸 외치지 않았지만 지금은 그런 쪽으로도 관심을 갖고, "박근혜 퇴진"을 적극적으로 외치고 있는데요. 이제 연대하는 마음으로 다른 집회에도 많이 참석을 하고 있어요. 가협에서 하는 건 거의 참석을 하고 있어요.

면담자   그때도 많이 모였었죠?

혜선 엄마   예, 그때 많이 모이셨죠. 대학로 앞에서 모였었나? 그때 처음에 [집결]할 때는 대학로에 모여서 옮겼던 것 같은데 많이 모이셨더라고요, 시민들이. 가족분들도 많이 올라왔어요. '다 같이 연대를 해야 한다'고 생각을 해요. 옛날에는 제가 정말 사회에 관심을 안 가졌었는데, 사회 돌아가는 상황에 대해서, 그냥 먹고살기 바쁘고 그랬었는데, 이번 참사로 인해서 많이 깨달았죠. 나부터 관심을 가져야 사회가 바뀔 수 있다는 그런 깨달음이 있었던 것 같아요.

면담자   예. 제가 생각하기에는 좀 전에 말씀하신 그런 변화와 깨달음에 대한 그런 부분에 대한 이야기는 세 번째 구술에서 연결해서 말씀을 들으면 좋을 것 같습니다. 시간이 많이 됐으니 오늘은 여기까지 하겠습니다. 긴 시간 수고 많으셨습니다.

혜선 엄마   아닙니다. 수고하셨습니다.

3회차

2016년 12월 30일

1
시작 인사말

면담자   본 구술증언은 4·16 사건에 대한 참여자들의 경험과 기억을 기록으로 남김으로써 이후 진상 규명 및 역사 기술에 기여하고자 합니다. 지금부터 성시경 씨의 증언을 시작하겠습니다. 오늘은 2016년 12월 30일이며, 장소는 안산시 단원구 정부합동분향소입니다. 면담자는 김태우이며, 촬영자는 김솔입니다.

2
제적처리 원상 복구를 위한 농성

면담자   예, 어머니, 지난번에 원래 두 번째 면담에서 하려고 했던 내용들을, 너무 많아서 이렇게 다 못 채우고 그 중간쯤에, 그니까 작년까지 했었던 내용까지만 하고 그만뒀었는데요. 오늘 올해의 활동과 투쟁 과정을 겪으면서 생각의 변화라던가, 깨달음이라든지, 또 혜선이에 대한 생각 같은 것들에 대해서 여쭤보도록 하겠습니다. 올해 4월 16일에 2주기 기억식 및 범국민 촛불문화제가 있었죠. 그 때 가셨나요?

혜선 엄마   가기는 갔을 텐데 기억이 안 나요(웃음). 2주기[에] 가기는 갔었어요. 그런데 제가 할 수 있는 것은 다 하려고 생각을 하고 있기 때문에 빠지진 않거든요. 근데 기억이 잘 안 나네요…. 2주기면 특히나 더 갔겠죠. 근데 기억이 안 나요.

면담자   5월 9일부터는 희생 학생의 제적처리에 대한 원상 복구 농성을 15일까지 하셨어요.

혜선 엄마   예, 그렇죠. 저희가 학교에서 농성을 했죠. 한 일주일 정도 했던 것 같아요.

면담자   지금은 학생들이 학적상 어떤 상태로 되어 있나요?

혜선 엄마   지금은 재학 중인 걸로 되어 있는 걸로 알고 있고요. 이제 4·16민주시민교육원이 지어지면 그때는 명예졸업으로 들어간다고 알고 있거든요, 기존의 프로그램 말고 따로 프로그램을 하나 만들어서. 지금은 졸업은 아니고 하여튼 재학 중으로, 아직까지는 학적부를 떼면은 재학 중으로 나온다고 알고 있어요, 명예 3학년 해 가지고.

면담자   개인적으로 희생 학생들을 제적처리 했던 건 좀 상식적으로 이해가 안 되는데요.

혜선 엄마   그쵸. 교육청이랑 단원고가 서로 일의 편의를 위해서 그랬던 걸로 알고 있거든요. 저희도 이제 우연히 그걸 알게 됐는데, 엄마들 몇 명이서 그때 하여튼 학교에 일이 있어서 단원고를 방문을 했어요. 했는데, 3반 엄마가 그냥 '생활기록부를 한번 떼보자' 그래서 생활기록부를 떼러 갔는데 아이가 제적처리 된 거예요.

면담자   그때 이미 제적처리 돼 있었어요?

혜선 엄마   예, 돼 있었어요. 그래 가지고 그때 이제 학교에 몇 명이 있었는데, 저도 있었고, 생활기록부를 뗐는데 제적처리가 돼서 저희 가족 공지방에 올려서 "아이들이 제적처리 돼 있다" 했더니 가협에서 알아보시고 "정말로 다 제적처리가 돼 있더라" 그래서 농성을 시작하게 된 거죠.

면담자   전부 다 제적처리가 돼 있던 거예요?

혜선 엄마   예, 다 제적처리가 돼 있고.

면담자   사유는 뭐였습니까? 결석?

혜선 엄마   아뇨, 이제 어차피 뭐 우리 아이들이랑 같이 공부하던 3학년 아이들이 다 졸업을 했잖아요. 그니까 더 이상 프로그램상에서 놔둘 수가 없대요, 기존의 학교 프로그램상. 그래서 이제 단원고에서 교육청에 문의를 해서, 뭐 이제 두 기관에서 알아서 한 걸로 알고 있거든요. 그렇게 해서 제적처리를 편의상 그렇게 한 걸로 알고 있어요. 근데 그게 제적처리를 했다는 것도 화가 나지만, 부모들한테 통지를 안 했잖아요, "이런 이런 일로 인해서 제적처리를 합니다"라는 것을 알려주지도 않았고, 동의를 구하지도 않았고. 그게 더 화가 많이 났던 것 같아요, 그 당시에는. '아이들이 떠난 것도 억울하지만 아이들이 떠나고 나면 없는 사람은 진짜 없는 사람 취급하는구나. 학교에서 지켜줘야 할 아이들을 못 지켜줬으면 어떻게든 진상 규명이 될 때까지는 그냥 학교의 학생으로 놔둬야 하지 않나' 그런 생각을 가지고 있었는데…, 떠나니까 그냥 없는 사람 취급하더라고요. 그게 마음이 아팠던 거죠, 저희들은. 자기들의 실수로 아이들을 잃었는데, 아이들 생각을 전혀 하지 않는 그런 학교의 행태에 화가 났던 거죠. 그래서 저희가 한 일주일 정도 농성을 하게 됐던 것 같아요.

면담자 학교의 어디서 하셨나요?

혜선 엄마 예. 학교 현관 앞에서 했습니다. 그 기간에는 뭐 학생들은 자율학습 하는 아이들은 몇 명 있었고요, 그리고 그때가 봄방학인가 그랬어요. 그래서 전교생이 등교하지는 않았어요. 크게 학생들한테는 피해가 갔다고 생각하지 않아요. 뭐 언론에서는 학생들 공부하는 데 피해 준다고 막 그랬는데…, 몇몇 학생들만 자율학습 했던 것 같아요. 그래서 저희가 농성을 해서 제적처리 문제를 이제 교육감님이랑 면담을 하고 해서 프로그램을 새로 하나 만들어서 제적처리[를] 원상 복구했던 것 같아요, 재학생으로. 근데 그런 프로그램을 할 수 있었음에도 불구하고 해보지도 않고, 시도해 보지도 않고 아이들을 제적처리 했다는 게 저희들은 많이 화가 났죠.

면담자 공무원들 입장에서는 그냥 있는 룰대로 하다 보니까 그렇게 된 건데, 그런데도 충분히 배려를 할 수 있는데도 불구하고 편의상 그리 해버린 거네요.

혜선 엄마 그렇죠. 저희들이 볼 때는 그렇게밖에 볼 수 없는 거죠, 그것도 통보도 없이. 그게 화가 났던 거죠.

면담자 그때 경기도교육감도 만나셨죠?

혜선 엄마 예, 오셨어요. "어쩔 수 없었다" 그런 말씀은 하시더라고요. 그런 말씀은 하시고 저희가 이제 완강하게 버티니까, 그런 프로그램을 만들어서 다시 할 수 있다고 그래서 프로그램 다시 깔아서 아이들을 재학생으로 다시 원상 복구시킨 거죠.

면담자　　교육감이 농성하시는 학교 현관으로 오신 겁니까?

혜선 엄마　　예. 저희가 오시라고 했습니다. "저희가 다 교육청으로 갈 수는 없으니까 교육감님이 오세요" 해서, 같이 [교육감님의] 얘기[를] 들었어요.

면담자　　같이 농성하시는 분들은 많았습니까?

혜선 엄마　　예, 많았어요. 저희 가족들뿐만이 아니고 시민들도 엄청 많이 오셨었어요. 운동장에까지 계시고 현관이 다 차서 운동장에도 계시고, 많이 오셨었어요. 아이들 문제니까, 또 교실 존치 문제에 제적 문제까지 겹치니까 정말 많은 분들이 오셨죠.

3
안산에서 함께한 세월호 알리기 피케팅

면담자　　지난 구술을 마치고 말씀을 나누면서 유가족분들의 활동을 지원해 주시는 분들이 많이 있는데, 정작 안산 쪽에는 반대하시는 분들이 있다고 잠깐 말씀하셨어요. 부모님들을 도와주시는 모임 같은 게 지역별로 있는 겁니까?

혜선 엄마　　예, 많아요. 뭐 천안도 '천안 세월호대책위', 파주는 '파주 세월호대책위' 그런 식으로 모임들이 4·16 참사 이후에 지역마다 다 있는 걸로 알고 있거든요. 그분들이 많은 관심을 가지고 지켜 봐 주시고, 물심양면으로 많이 도와주고 계시거든요. 뭐 물질적으로 도 도와주시는데 더 큰 힘이 되는 거는 심적으로 많이 힘이 돼주시 고 하니까…. 안산은…, 물론 저희도 많이 아프지만, 저희가 초창기 에는 정말 안산을 돌아보지를 못했어요, 우리 아픔만 보여서. 저희 가 이제 박근혜 대통령한테 진실 규명해 달라고, 그리고 정부 상대 로만 싸우다 보니까 한 1년 정도는 서울로만 다녔거든요. 1년 동안 은 안산을 돌아보지 못했는데, 우리가 없는 그 시간에 안산 시민분 들도 많은 힘을 썼었거든요, 나중에 알고 보니까. 근데 시민분들도 많이 서운해…, 서운해하셨을 것 같아요. 한 1년 정도는 안산에서 많이 도와주고 있는데, 우리도 안산 시민하고 힘을 합쳐서 진상 규 명을 하려는 노력을 했었어야 하는데, 저희가 '안산도 돌아보고 안 산 시민들하고 힘을 합쳐야겠다' 생각을 해서 움직인 게 1년 좀 지나 고 나서였거든요. 지금은 '그분들이 좀 서운하셨을 수도 있겠다' 생 각도 하지만…, 같은 아픔이라고도 생각을 해요.

저희보다는, 자식을 잃은 건 아니니까는 그분들은 저희만큼 아 프지는 않겠지만, 또 저희들을 지켜보는 그분들의 마음도 편치는 않 을 거라고 생각을 해요. 저희만큼은 아니지만 트라우마도 생겼을 거 고, 또 이웃에 살지만 또 공감이 되는 부분은 아니잖아요, 자식 잃은 부모 마음이. 그니까 뭐 접근하기도 힘드셨을 거고…. '그런 면에서 오히려 더 외면하지 않았나' 싶어요, 더 다가서기 힘들어서. 안산에 [대해서]는 그런 생각입니다, '오히려 접근하기 힘들어서 외면하지 않 나'. 제가 만약에 이렇게 희생자 부모가 아니라면 저도 희생자 부모

혜선 엄마 성시경

한테 다가서지 못했을 거 같아요, 너무 어려워서. '내가 힘이 될 수 있겠나? 내가 무슨 말로 위로를 하지?' 그런 마음에서 못 다가섰을 것 같아요. 충분히 이해는 합니다, 사실은. 그래도 또 이제 요즘 최순실 게이트 터지고 박근혜 뭐 그런 국정 농단 그런 거 터지면서 또 안산에서도 많이 관심 가져주시고 계세요. 예전하고는 또 틀리게 부모님들이 안산팀을 따로 꾸려가지고 안산 지역에 알림이를 많이 하고 계셨거든요. 1년 이후부터 간담회도 많이 진행을 하고, 이제 동네도 주민자치센터 같은 데 찾아가서 간담회도 하고 많이 만나고 다니셨어요, 대협[분과]에서. 그래서 좀 많이 더 관심을 가져주고 계세요.

면담자   안산에서 피케팅도 하시고요?

혜선 엄마   상록수역에서 저희가 금요일마다 피케팅을 해요. 피케팅하는 금요일마다 전교조 선생님들도 많이 나오시고요. 일반 시민분들도 개인적으로 활동하시는 분들도 많잖아요. 안산은 가까우니까 그분들이 피케팅에 같이 참여를 해주세요. 그래서 저희 9반, 10반 같은 경우에는 상록수[역]에서 피케팅을 하니까, 거기 가면 정말 관심을 많이 가져주시고 힘을 보태주시는 분들이 많다는 것을 느끼죠. 저희는 피부로 느낄 수 있으니까, 이제 '상록구에서 많이 도와준다' 이런 생각을 갖게 되는 거죠.

면담자   9반, 10반이 상록구를 담당합니까?

혜선 엄마   예, 상록수역을 담당하고 [있어요]. 안산에서 세 개 지역에서 피케팅을 하고 있거든요. 9반, 10반이 상록수역을 맡고, 중앙동에서도 하고, 선부동에서도 하고 있어요. 금요일마다 2시간씩 하고 있어요.

면담자   언제 하세요?

혜선 엄마   저녁에 6시부터 8시까지 퇴근 시간 맞춰서.

면담자   안산 시민분들의 반응은 어떤 것 같습니까?

혜선 엄마   반응은 뭐 안산이나 타 지역이나 마찬가진데요, 호응해 주시는 분들이 있는 반면에 "왜 아직도 이러고 있냐. 보상금 많이 받았으니까 끝난 거 아니냐. 대통령이 다 밝혀준다고 하지 않았느냐" 이런 얘기하시는 분들도 있고, 힘내시라 그러고 막 음료, 추운 겨울날에는 따뜻한 음료 사다 주시는 분들도 있고. 그래도 "힘내십시오" 하는 분들이 더 많습니다. 피케팅 하루 서면 한 두세 분들은 그렇게 막 소리 지르고 가는 분들도 있는데, "그만해라. 지겨워 죽겠다" 이러시는 분들도 있는데, 그 외에는 다 호응해 주셔요. 저희가 피켓 들고 서 있으면 읽어보고 가시는 분도 있고, "이게 정말로 아직도 밝혀지지 않았냐, 해결이 되지 않았냐. 그동안 내가 너무 모르고 있었다" 이러시는 분들도 계시고…. 피케팅 하면 모르는 분들이 많이 알게 되시는 것 같아요. 그런 면에서 저희가 진상 규명될 때까지 계속해야 한다고 생각합니다.

면담자   이번에 국정 농단 사태가 난 이후에 반응이 좀 달라졌겠습니다.

혜선 엄마   그렇죠. 안산뿐만이 아니라 전 국민들이 정말로 세월호. 그 박근혜 대통령[이] 세월호 7시간 동안, 정말 박근혜 대통령이 아무것도 하지 않았다는 거를 온 국민이 전부 다 알게 되는 사건이었죠. 진상 규명은 아직도 멀었다는 걸 국민들도 알고 계시는데, '정말 대통령이라는 사람이 아무것도 하지 않았을까?' 이렇게 의심을 갖고 계셨던 분들이 지금은 정말로 컨트롤타워가 없었다는 걸 분명하게 아셨을 것 같아요.

면담자   최근에 피케팅을 하시면 또 그렇게 막말을 하고 가시는 분들도 조금 덜할 것 같은데, 어떻습니까?

혜선 엄마   그런 거는 비슷한 것 같아요. 한두 분 정도는 그러시는 것 같아요. 그중에 유난히 또 그러셨던 분이 있는데, 한 분이 매주 오셔가지고 그러셨던 분이 계세요. "정말로 이게 아직 안 밝혀졌어?" 그러면서 술도 마시고 오시고 그러는데, 저희 반 아버님 한 분이 계셨는데, 그분하고 진짜 긴 시간 동안 토론을 하셨어요, 그분이. 처음에는 이제 막 항의하는 식으로 그랬는데, "왜 피케팅을 하냐"고. 나중에는 시간을 많이 가지고 아버님이랑 대화를 하다 보니까 이해를 하셨어요. 이해를 하시고 "내가 잘못 알고 있었다" 그래 가지고 그다음부터는 저희 할 때마다 나와서 "뭐 좀 밝혀진 거 있어요?" 묻고 가시고, 그렇게 변화하시는 분들도 있더라고요.

면담자   처음에는 막 막말하시던 분을 변하게 하셨네요.

혜선 엄마   예, 파출소까지 갈 정도로. 진짜 가진 않았지만, "파출소 가자!" 이렇게까지 실랑이가 심하게 오고 갔는데….

면담자   그분이 파출소로 가자고 하셨어요?

혜선 엄마   저희 아버님 쪽에서 그랬죠, 그쪽에서 너무 심하게 하셔가지고. 말씀은 그렇게 하시고 파출소[를] 가지는 않았는데 그 정도로 실랑이가 심하게 오고 갔어요. 그런데 이제 대화를 하다 보니까 그분이 이제 좀 차츰차츰 알게 되시고 그러다 보니까, 이제 막 다음부터는 안 그러시고 오히려 와서 피켓도 같이 들어주려고 하시고 관심을 많이 가져주시더라고요. 그게 이제 피케팅하는 보람을 느끼죠, 그럴 때는. 모르시는 분들이 단 한 분이라도 그렇게 더 알아주시면, 그분이 또 주위 분들한테 알려주실 거니까 피케팅하길 잘했다는 생각이 들어요, 그런 걸 보면.

면담자   그런 분이 변하셨다는 게 중요한 변화 같습니다.

혜선 엄마   근데 그런 분들이 그렇게 많지는 않아요(웃음). 어쩌다 한 분이지 많지는 않아요.

4
안산교육지원청으로 임시 이전한 교실

면담자   제적처리 원상 복구를 위한 농성을 할 때는 다른 시민들도 오셨습니까?

혜선 엄마   예, 멀리서도 많이 오셨어요. 제적처리 때문에 농성하는 기간인데도 교실을 뺀다는 얘기가 나와서 시민분들이 "교실을 지켜야 한다" 그래서 정말 많이 달려오셨거든요. 그때 재학생 부모들이 와가지고 책상도 몇 개 들어내고 그랬거든요. 물론 생존 학생 책상을 뺐지만, 그것도 저희 아이들하고 같이 있던 책상이잖아요, 예전에는. 그것도 빼면 안 되는데, 그건 제스처라고 봐요. 우리도 할 수 있다는 걸 보여주려고 그랬던 것 같은데, 그 책상 빼고 그러는 와중에 그런 동영상들이 페이스북 같은 데 많이 돌았잖아요. 그런 걸 보고 시민분들이 더 많이 오시고 그랬어요. 교실 문제랑 제적 문제랑 같이 겹쳐서 시민분들이 많이 오셨어요.

면담자　　　　그렇게 하다가 8월 6일 날 결국은 교실의 기록물을 정리했습니다. 이제는 안산교육지원청 별관으로 옮겼는데, 5월 9일부터 제적처리 원상 복구 농성을 하면서부터 결국 교실을 빼게 되는 시기까지 어떤 변화가 있었습니까?

혜선 엄마　　　　그래도 아이들이 친구들이랑 뛰놀던 곳이고, 집보다 학교에서 더 많은 시간을 보냈잖아요, 친구들하고. 아이들이 또 숨결이 머물러 있는 곳이고 그래서 저희는 학교 존치를 했으면 했어요, 학교 교실을. 근데 뭐 경기도랑 이렇게 사회적 합의를 통해, 경기도랑 안산시랑 단원고랑 저희 가협이랑 그런 사회적 합의를 통해서 결국에는 재학생들도 수업에 방해가 있다고 해서, 저희는 "그러면 우리 가족들은 물러나겠다" 그러니까 "사회적 합의를 통해서 합의를 봐라" [그랬지요]. 7대 종단이 모였다고 그때 그랬었거든요. 7대 종단이랑 경기도랑 해서 그 단체에서 합의를 봐서 교실을 빼기로 결정을 했어요. 뭐 가족들 의견이 들어간 건 아니고, 그 사회적 협의를 통해서 빼게 된 거죠. 그렇게 해서 지금은 안산교육지원청에 다시 이제 재현을 해서 이제 4·16민주시민교육원이 지어질 때까지 안산교육지원청에서 [기억교실을] 일반 시민들한테 공개를 하고 있습니다.

면담자　　　지금도 공개하고 있습니까?

혜선 엄마　　　예. 지금도, 단원고에 교실이 있을 때도 많이 오셨지만, 안산교육지원청에도 정말 많은 분들이 오고 계세요. 이제 단원고 교실만큼 재현이 다 되지는 않았고요. 유리창에 붙어 있는 포스트잇이나 이런 거는 붙였다 뗐다 하면 훼손이 많이 가니까 그거는 안 붙인 걸로 알고 있고요. 이제 시민분들이 보내주셨던 작품이나 뭐 또 예술가들이 그렸던 그림이나 이런 거를 저희들이 복도에 다 기록팀에서 수거해서 걸어주셨거든요. 시민들 작품도 같이 공개를 하고 있습니다.

면담자　　　지난번에 말씀하셨던 것 같은데, 교실을 옮길 때 그 교실에 못 들어가셨다고….

혜선 엄마　　　예, 들어갈 수가 없더라고요. 제 손으로는 내 아이 책상을 뺄 수가 없더라고요, 아무리 생각을 해도. 쫓겨나는 입장인데, 쫓겨나는데 내가 내 손으로 내 아이 책상을 뺀다는 건 말이 안 되는 것 같아요. 빼려니까 마음도 너무 아프고 그래서 그냥 시민분들[이] 옮기는 거 그냥 보고만 있었어요…. 혜선이한테 너무 미안하다는 생각이 들어서… 내 손으로는 못 빼겠더라고요.

면담자　　　옮기고 정리하는 데 제법 시간이 걸렸겠네요?

혜선 엄마 성시경

혜선 엄마　　　그거는 이제 교실에 뭐 붙어 있는 기록물들을 정리하는 시간이었고요. 책상 위 유품 같은 거를 거기서 안산교육지원청으로 옮기고 정리하고 하는 시간은 몇 개월 걸렸죠. 옮기는 건 그날 다 옮겼는데 거기서 이제 정리하고 다시 재현을 하기까지는 몇 개월 걸렸어요. 8월 달에 옮겨서 11월 달에 개방했나요? 몇 개월 걸렸어요.

면담자　　　안산교육지원청은 어딨습니까?

혜선 엄마　　　고대[안산]병원 근처거든요. 거기로 가시면 별관에 있어요. 단원고 교실보다 장소가 훨씬 협소해요, 거기가. 그냥 강당을 막아서 칸막이를 해서 교실처럼 보이게 해놓은 거라 규모가 훨씬 작아요. 가방을 메고 들어갈 수도 없을 정도로, [가방이] 걸려서. 그 정도로 작아요.

면담자　　　3학년 교실은 다 있죠?

혜선 엄마　　　예, 3학년 10개 반하고, 교무실 한 개. 별관에 강당이 있던 자리인데 그거를 칸막이를 쳐서 교실을 만들어놓은 거죠.

면담자　　　11월에 공개할 때까지 정리하는 데는 어머님은 참여하시지는 않으셨고요?

혜선 엄마　　　저도 기억저장소 운영위원으로 들어가 있긴 한데요. 수고해 주신 거는 저희 기록팀에서, 저장소 실무진들이 다 수고해서 꾸며주신 거고요. 저희는 그냥 옆에서 조금 보기만 했어요. 실무진들이 고생[을] 많이 하셨죠. 몇 달 동안 꾸미고 옮기고 다 정리하느라고, 기록물 찾아서 또 다 복도도 꾸며주시고, 기억저장소 실무진들이 다 하셨어요.

면담자   그 작업도 보통 일이 아니었을 것 같네요.

혜선 엄마   예. 뭐 단원고에 있을 때 동영상도 촬영했다고 알고 있고요. 사진으로도 다 남겨놨다고 알고 있습니다. 근데 장소가 협소해서 그대로 재현이 안 되니까 그냥 할 수 있는 것만 재현을 해서, 아이들 책상이랑 유품 같은 것만 재현을 해서 교실 안쪽에만 재현을 한 거죠. 바깥쪽은 시민분들 작품으로 꾸며놓은 거고. 그렇게 한 거죠.

5
분노를 자아냈던 세월호 선원 재판정

면담자   예. 지금까지 2014년부터 2016년까지 활동하신 것에 대해 이야기를 들었는데요. 그 외에도 또 생각나는 활동이 있으신지요? 해외 방문도 하신 걸로 알고 있는데, 혹시 어머님도 가셨나요?

혜선 엄마   해외에는 안 나갔습니다(웃음).

면담자   그리고 법원에서 재판, 그때 했지 않았습니까?

혜선 엄마   선원들 재판이요?

면담자   예, 예. 선원들 재판이요. 그런 데에도 혹시 가셨나요?

혜선 엄마   예, 광주[를] 많이 왔다 갔다 했는데요. 초창기부터 끝날 때까지 거의 뭐 한 7, 80프로는 참여했어요, 재판 있을 때마다 방청석에 앉아서. 일이 있을 때는 못 가고, 여기도 또 다른 일정이 있는 것도 있고 하니까. 그 외에는 거의 참석했습니다. 근데 뭐 지켜보면 화가 더 많이 나요, 방청할 때는. 차라리 안 보면 정말로, 선원이나 그 사람들 얼굴을 안 보면 모르겠는데, 대답하는 게 전부 "기억이 안 난다", 지금 정부에서 청문회 하는 거랑 똑같았어요, 그때도 14년도에도. "기억이 안 난다, 생각이 안 난다. 그럴 수밖에 없었다, 어쩔 수 없었다. 우리가 일부러 아이들을 두고 나온 게 아니다. 정말 경황이 없고 정신이 없어서 탈출하라는 방송도 못 했다" 이렇게밖에 얘기를 안 했거든요.

한 사람도 진실을 말하는 사람이 없고, 3등 항해사 박한결이 같은 경우에는 처음에 진술할 때는 "앞에서 뭐가 올라왔다, 밑에서 올라왔다"고, 지금 저도 막 헷갈리네요…, 2년 되니까. 분명히 "우리 배 앞에서 뭔가 올라왔다" 이랬는데 나중에는 그걸 번복해서 "저 멀리서 배가 다가오고 있었다" 이렇게 번복을 했거든요. 밑에서 뭐가 올라왔으면 분명 물속에서 올라왔다는 얘긴데 나중에는 번복해서 "멀리서 배가 다가왔다"고 이렇게 번복을 했거든요. 그런 걸 보면 처음 재판[을] 시작할 때가 정말 그 사람들이 진실을 말하는 것 같아요. 시간이 지날수록 그 사람들도 생각을 하고 자기한테 유리한 대로 진술을 하는 것 같았거든요. 그런 걸 보면서 정말 많이…….

면담자　　　진술이 변하는 거네요.

혜선 엄마　　예. 말도 변하고, 그 사람들 하는 행동[을] 보면, 행동이랑 말하는 걸 보면 "기억이 안 난다"고만…. 뭐 해경도 마찬가지예요. 해경도 재판할 때 "선원인 줄 몰랐다. 방송을 했다"고 거짓말을 했잖아요. [123]정장 같은 경우에도 다 똑같아요. 그날 참여했던 선원들이나 해경들이나 다 우리 아이들은 안중에 없었고 구조할 생각이 없었다는 것을, 생각조차 없었다는 걸 저희가 한 번 더 확인하는 시간이잖아요. 그 시간이 그니까 너무 힘들었고요. 재판정에서 떠들면 안 되는데도 부모님들이 분노를 참지 못해가지고 소리도 지르고, 막 방청석에서 쫓겨 나가고 그랬거든요, 소리 지르면 안 된다고. 근데도 그 분노를 억누를 수가 없어서 많이 소리 지르고 그랬어요. 선장 같은 경우에는 졸고 있어요, 재판정에서. 그런 모습을 보면, 우리 부모가 볼 때는 진짜 한마디 한마디가 증언이고 그러는데, 그 사람들은 진실을 말하지도 않고 자기들은 지루하다고 졸고 있고, 그런 걸 보면 정말 화가 나고 울분이 치밀죠. 한번 가면 하루, 하루[에] 왔다 갔다 하기엔 시간이, 너무 먼 거리라서 한번 가면 2박 3일. 그게 일주일에 이틀 할 때도 있고, 사흘 할 때도 있는데 거기서 숙소를 잡아가지고 거기서 2박 3일 있다 올 때도 있고 그랬어요. 광주시민상주모임이라는 그 단체에서, 세월호 삼년상을 치르는 시민상주모임이거든요, 광주에 그 단체에서 저희들 숙소도 마련해 주고 그렇게 해서 어쨌든 2박 3일 있다 올 때도 있고, 하루 갔다 올 때도 있고. 많은 도움을 받았어요, 그때는.

면담자   숙소는 어떤 곳에 잡아주던가요?

혜선 엄마   그냥 숙소죠, 말 그대로. 모텔 같은 거? 그분이 운영하는 모텔이 있더라고요. 시민상주모임 그 회원 중에 운영하시는 모텔이 있어서 재워주기도 하고 그러셨어요. 지금도 뭐 이준석 선장이 지금 감옥살이하고 있기는 하지만 혼자한테만 [책임을] 다 떠넘긴 거잖아요. 그날 조타를 돌렸던 조중기나 배 운전을 했던 박한결이나 지휘를 했던 사람들, 그 사람들도 그날의 책임이 정말 크다고 생각을 하는데, 이준석 선장 못지않게. 그 사람들 죄는 감형이 돼서 [형량이] 5년밖에 안 되잖아요. 그런 걸 보면 재판장은 정말 법대로 하시겠지만, 저희가 볼 때는 이해[가] 안 가는 부분이에요, 그런 게. 어떻게 선장 한 사람한테만 다 죄를 떠넘길 수가 있는지 저희는 상식적으로 이해가 안 가죠….

정말 우리 아이들이 살려달라고 배 안에서 그렇게 울부짖고, 바닷물이 차오르는데…, 아이들은 '가만히 있으라'는 방송만 듣고 정말 자기가 움직이면 다른 친구들까지 다칠까 봐 "나는 못 움직인다" 그런 메시지들이 문자에도 오고 갔잖아요, 부모님들이랑 주고받은 문자에도. (눈물을 글썽이며) 내가 움직이면 배가 흔들릴 수 있기 때문에, 부모님들이 빨리 탈출할 곳으로 나오라고 하는데도 "내가 움직이면 안 된다"[라고, 아이들이 배 안에 그대로 있었던 거잖아요]. 우리 아이들은 방송만 듣고, '가만히 있으라'는, 콕 짚어서 "단원고 학생들 가만히 있으라" 그 방송이 나오니까 아이들이 움직이지도 못하고 어른들 말을 따라서 그렇게 있었는데, 선장이나 선원들은 전혀 아이들은 생각지도 않고 자기들 먼저 탈출하고, 해경은 왔음에도 불구하고 탈출 방송을 하지도 않고 했다고 거짓말을 하고….

세월호 조타실 선원들을 구조하면서도 줄을 걸었잖아요, 거기다가 선원들[이] 타고 내려오라고. 그리고 홋줄[계류삭, 배를 붙들어 매는 데 쓰는 밧줄]을 걸고 그 홋줄을 벗길 때도 조타실[에] 가까이 갔다는 얘기잖아요. 그러면은 해경도 분명히 훈련받은 사람들이니까 들어가서 아이들보고 "탈출을 하라"고, "갑판으로 올라가서 뛰어내려라" [고] 그렇게 방송을 해줬어야 하는데 뭐 "경황이 없어서 홋줄만 벗기고 내려왔다"[라고?] 그럼 훈련받은 사람으로서 말이 안 되는 얘기죠. 근데 그런 게 전혀 재판에 반영이 안 된 것 같아서 정말 재판 결과를 인정하기가 싫어요, 저희는. 인정 못 합니다. 해경은 뭐 일반 시민들하고 똑같이 그렇게 경황이 없고 방송조차도 할 수 없는 그런 무능력한 사람들이라면 어떻게 나라의 바다를 지키는 해경이라고 말을 할 수가 있어요. 그건 일반 시민들하고 똑같지, 훈련받지 않은 사람들이나 [안 받은 사람이나 똑같은 거죠]. 그런 긴박한 순간에 질서 정연하게 대처하라고 훈련을 시키고 월급 주고 해경이라는 단체를 조직을 했는데, 그 사고가 났을 때 전혀 대처를 하지 못하는 그런 해경을 어떻게 믿고 저희가 우리 국민들이 살아갈 수가 있겠어요.

(눈물을 글썽이며) 매뉴얼 하나도 제대로 없고, 해경 정장 같은 사람은 진짜 훈장도 엄청나게 많이 받았더라고요. 정말 그 훈장 목록을 보면 끝도 없이 많아요. 그 많은 훌륭한 경력을 갖고 있는 사람이 방송조차도 못 했다고 하고, 해경 해체하겠다고 대통령도 그렇게 얘기해 놓고 이름만 바꿔가지고 똑같이 운영을 하고, 정말 정부의 행태나 그런 공무원들의 행태나 다 똑같은 것 같아요. 떠난 우리 아이들만 불쌍하지, 어른들 믿고 기다린 우리 아이들만 불쌍하지(한숨).

안개 낀 그날 출항하는 것만 봐도 정부나 공무원들이 어떻게 대

해선 엄마 성시경

처하는지…, 지난 시간에도 말씀드렸지만 저는 출항했다는 그 자체가 잘못됐다고 생각하는 사람이거든요. 물론 우리 아이들[을] 구조 안 한 건 그다음이니까, 출항을 안 했으면 사고가 안 났을 거잖아요. 앞이 안 보이는 그 바다를 어떻게 간다고 출항을 시켰는지, 그걸 허가해 준 정부기관, 항만청이나 그런 곳이 정말 다 썩었다고 생각을 해요. 출항만 안 했으면 우리 아이들 다 살아 있을 텐데, 출항을 시켰으니까, 그런 면에서 정부는 행정기관이나 이런 데를 정말 관리감독을 제대로 하지 않고, 모든 게 다 진짜 통합적으로…, 엮이고 엮여서 사고가 났다고 봐요. 어디 한 군데만 실수를 해서 그런 게 아니라 모든 기관들이 다 엮여 있다고 생각을 해요. 이번 기회에 그런 것들이 다 밝혀지고, 정부기관들이나 그런 것이 다 좀 많이 바뀌었으면 좋겠어요. 세월호 참사 이전이랑 이후랑 정말 많이 달라졌으면 좋겠어요. 더 이상 이런 아픔을 겪는 부모님들이 안 생기게 많이 달라졌으면 좋겠어요.

6
세월호가 가져다준 변화

면담자   4·16 경험이 어머님의 세상에 대한 관점이나 삶에 대한 태도에 어떤 변화를 가져왔다고 생각하시는지요?

혜선 엄마   저요?

면담자   예, 어떤 변화가 있었는지?

혜선 엄마　　참사 이전에는 음…, 관심이 정말 없었다고 해야죠, 사회에. 관심을 갖지 않고 내 가정만 잘 꾸리면 되고, 내 아이만 잘 키우면 되고, 정말 내 가정의 행복을 위해서만 살았다고 하는 게 맞을 것 같아요. 정말 사회에 관심을 갖지 않고 언론에서 보여주는 그대로 믿고 정부에서 발표하는 그대로 믿고 그렇게 살았던 것 같아요. 그게 지금은 가장 후회되는 점인데요, 그렇게 살아서 우리 아이들이 이런 일을 겪었나 싶어서 그래서 더 미안하고, 우리 아이들한테. 그 전에는 어떤 참사가 있었어도 언론에서 며칠 보도하다가 안하면 뭐 '다 해결이 됐구나', 그렇게 생각하고 그냥 잊고 넘어갔던 게 이런 참사를 불러온 것 같아서 정말 미안하고요. 지금은 이제 어떤 일들이 매스컴에서 나오면 언론 자체를 믿는 게 아니라 인터넷도 찾아보고 또 주위에 말도 들어보고 나름대로 제 생각을 정리를 하죠. 지금은 그런 거를 종합을 해서…, 예전 같이 언론에 나온 대로만 믿지는 않고요. 그런 게 조금 많이 변했다고 봐야죠? 예전에는 관심조차도 없었으니까.

　그런 것들이 이제 우리 부모님들뿐만이 아니라 많은 국민들이 변하셨을 거라고 생각을 해요, 많은 분들이 그렇게 말씀을 하시고…. 혜선이가 수학여행을 가기 한두 달 전쯤에 해병대 캠프 사고가 있었잖아요. 거기에도 혜선이도 갔다 왔거든요. 그 아이들이 사고당하기 며칠 전에 갔어요. 단원고 학생회에서 임원들만 갔는데, 갔다 와서 며칠 있다가 혜선이가 그러더라고요. "엄마, 거기 우리가 수련회 갔다 왔던 거기에서 학생들이 많이 못 돌아왔다"고 하더라고요. 그때도 저는 우리 혜선이보고 "아유, 그래, 그 학생들은 부모님들 어떡하냐" 그냥 그 정도 말로만 [하고] 넘어갔던 것 같아요. "너 갔을 때 그런 사고가 안 나서 정말 다행이고, 그 부모님들 앞으로 정말 어떻게 살 거냐" 그냥 그렇게만 얘기하고 넘어갔던 게 지금 너무 후회스러워요. 그때라도 관심을 가졌더라면, 그쪽 부모님들이 지금 우리처럼 또 많이 알리려고 했으면 또 저희도 알 수가 있었겠지만, 매스컴에서도 며칠 방송하다가 안 하고 그러니까 저희 기억 속에서도 서서히 사라졌거든요.

그래서 지금은 어떤 일들이 있으면 그게 어떻게 마무리가 되었는지, 어떻게 결론이 났는지 그런 것들을 알려고 노력을 해요. 그런 게 제가 많이 변했다고 생각을 합니다. 그냥 '그런 일이 있었구나' 하고 넘어가는 게 아니라 끝까지 노력을 해요, 지금은. 그게 제 아이에 대한 미안함을 조금이라도 덜 수 있는 길이라고 생각을 해요. 그런 마음으로 이제 세월호 진상 규명도 끝까지 해서 정말 내 아이를 만났을 때, 엄마한테 우리가 왜 그렇게 떠나야 했는지, 왜 그렇게 떠나야 했냐고 물으면… (눈물을 글썽이며) 정말 똑바로 진실되게 말해줄 수 있을 만큼 세월호 진상 규명이 될 때까지 열심히 싸우려고 생각하고 있습니다.

면담자   4월 16일의 참사 이후에도 한국 사회에 비슷한 사건들이 있었어요. 예를 들면 가습기 살균제 사건 같은 것들이요. 그런 것들도 어머님께서 보실 때 조금 달리 보이시겠네요.

혜선 엄마   예, 그렇죠, 이제 많이 다르게 보이고…. 저희들은 우리 아이들이 떠나서 힘들지만 그분들은 옆에서 고통을 지켜봐야 하잖아요. 떠난 분들도 계시지만 옆에서 또 투병을 하고 계시는 분들도 있으니까, 그 마음도 떠난 자식을 떠나보낸 저희 마음 못지않게 또 고통스러울 거라고 생각을 해요. 그분들도 끝까지 진상 규명을 해서 책임자 처벌하고…, 떠난 분들이나 남은 분들에게 미안하지 않게 그렇게 진상 규명이 됐으면 좋겠습니다. 저희도 끝까지 관심 가질 거고요, 같이 연대할 일이 있으면 연대를 하고 그렇게 해나갈 생각입니다. 모든 사건들이 옛날처럼 '뭐 저런 일이 있었구나' 그렇게 다가오지는 않고 왜 그렇게 됐는지 한 번 더 생각을 하게 되고, 찾아보게 되고, 또 '연대할 일이 있으면 우리가 가야지' 또 그런 마음가짐도 가지고…. 옛날하고 많이 달라졌어요.

면담자   지금까지는 어떤 연대 활동에 참여하셨나요?

혜선 엄마   지금까지는…, 소녀상[을] 지키는 데 그쪽으로도 저희가 몇 번 갔다 왔고, 광화문[에] 저희 일정이 있을 때, 화요일 날 우리 9반이 올라가는데, 그때 광화문에 가면 소녀상 앞에 한번 가보고…, 대학생들이 지키고 있었잖아요, 그쪽에도 가고, 뭐 백남기 농민 그 일에도 연대하고, 지금까지는 그랬던 것 같아요. 예전에 새누리 당사 앞에 피켓을 들러 갔었는데, 시민분들이랑 몇 명이서, 거기에서도 6·25 참전 용사 유족들인 것 같아요. 그분들이 막 상복을 입고 농성을 하고 계시더라고요. 그런 거 보니까 진짜 참사 이전에는 거기에 대해서 전혀 관심도 없었고 알지도 못했잖아요. 근데 그걸 보면서 거기에 대해서도 인터넷에 찾아보게 되고 그러더라고요. 그분들도 천막을 쳐놓고, 새누리 당사 저 멀리에 천막을 쳐놓고 상복을 입

혜선 엄마 성시경

고 새누리 당사 앞에 와서 피켓[을] 들고 계시더라고요. 그런 게 이제 사회에 관심을 많이 가지게 된 것 같아요, [참사] 이후로. '저분들도 저런 아픔이 있구나. 다 해결이 된 줄 알았는데, 사람 목숨값을 가지고 정부가 장난을 쳤구나' 그런 것도 이제 알게 되고, 또 모르는 분들한테 얘기도 하고…. 그런 일도 있었습니다.

면담자　　　　혹시 진상 규명이 제대로 되고 난 다음에 대한 계획을 생각해 보신 적이 있으십니까?

혜선 엄마　　　저희가 짧게 잡아야 10년이거든요, 진상 규명이 [되려면]. 그때 되면 제 나이도 육십이 넘잖아요.

면담자　　　　짧게 잡아도 10년이라 생각하십니까?

혜선 엄마　　　예. 짧게 잡아도 저희가 10년이라고 생각을 하고 있는데요, 뭐 20년, 30년 갈 수도 있고, 광주처럼. 만약에 정말 10년 안에 진상 규명이 된다면? 저희가 10년이 아니더라도 계속 투쟁하면서 싸우진 않을 것 같거든요. 한 5년 정도까지는 저희가 막 투쟁을 할 것 같지만, 그 이후에는 법적 싸움이라던가 뭐 이런 게 많겠죠? 그렇게 되면 한 5년 정도 지나고 나면…, 지난 시간에도 얘기했던 것 같은데, 저희 금구모 엄마들이랑 봉사활동도 하면서 지내고, 또 '저희가 받은 만큼 또 국민들한테 되돌려 줘야 한다'고 생각을 하고요, 많은 도움을 받았으니까. 제 개인적인 생각이지만, 가협에서도 어느 정도의 진상 규명이 되고 나면 봉사활동 같은 걸 하지 않을까 그런 생각을 합니다.

저희 엄마공방에서도 그런 얘기는 가끔씩 하거든요. "어느 정도 해놓고 투쟁 현장이 많이 없을 때는 3년이나 5년이 지나고 나면 우리도 받은 만큼 베풀고 살자. 봉사활동도 하고 어려운 분들 도와주면서 살자" 그렇게 얘기하고 있거든요. 그래서 저도 그 일에 적극 동참하려고 생각하고 있습니다. 어차피 아이들은…, 하나 남은 딸아이는 다 컸고, 제 손이 갈 일이 없고요. 이제는 집안에 있어봐야 할 일도 없으니까…. 사실 그런 걸 떠나서 받은 만큼 또 사회에 돌려줘야 한다고 생각을 해요. '한 5년 정도 지나면 그렇게 되지 않을까' 그렇게 개인적으로 생각을 해요. 그렇게 살려고 하고 있어요. 뭐 혜선이한테 갈 때까지 그런 삶을 살 거예요, 아마.

면담자　　　부모님들이 내일 촛불집회에서 밥 나눠주시는 심야식당 행사를 한다는 뉴스를 보고 이제는 도움을 주는 사람으로 활동을 하시게 되었다는 인상을 받았습니다.

혜선 엄마　　그래야 한다고 생각을 해요. 받기만 하면 너무 미안하잖아요. 공방에서도 이제 엄마들이 원래 손재주가 없고 회사만 다니니까 아무것도 만들 줄도 몰랐고 그랬는데 프로그램 같은 걸 만들어서 쌤[선생님]들을 초청을 해서 뜨개질도 하고, 바느질도 하고, 뭐 아버님들은 목공도 하시고 해서 장을 열어요. '엄마하장'['엄마랑 함께하장'] 플리 마켓을 열어서 거기에서 나오는 수익금을 지역아동센터에 난방비도 주고, 여름휴가비 지원도 하고 그렇게 조금씩 조금씩, 많이는 못 하지만 하나하나 그렇게 하려고, 조금씩 도움을 주려고 생각을 하고 있어요. '좀 시간이 지나면 좀 더 많이 할 수 있지 않을까' 생각을 합니다.

면담자　　　　장을 여는 것은 얼마에 한 번씩 하시는 거예요?

혜선 엄마　　저희가 작년에 한 번 열었고요. 작년 10월에 열고, 올해 5월 달, 10월 달 이렇게 열었어요. 그리고 내년 5월에 마지막 '엄마하장'을 하려고 지금 준비하고 있어요. 물품들도 만들고 그렇게 준비하고 있어요.

면담자　　　　내년이 마지막이라고요?

혜선 엄마　　그런 큰 형태의 플리 마켓은 마지막으로 하고요. 그게 경비도 많이 들어가고 또 엄마들도 그걸 장을 준비하려면, 진짜 투쟁 현장에 다니면서 싸우면서 그 물품을 막 새벽까지 만들어야 하거든요, 그러니까 엄마들도 지치고. 그때는 뭐 전국에서 다 오시잖아요, 세월호와 함께하시는 분들이. [그래서] 물품을 엄청 많이 생산을 해야 돼요. 그래 가지고 엄마들도 힘들고 그래서 큰 형태의 플리 마켓은 내년에 '엄마하장'을 5월에 마지막으로 하고요, 이제 지역으로 [다가가려고 하고 있어요]. 지역에서 불러주시면 저희가 만든 물품을 가지고 갈 수도 있고, 저희가 또 찾아갈 수도 있고, 그렇게 지역을 찾아가는 플리 마켓 형태로 추진을 하려고 생각을 하고 있습니다. 그래서 내년 5월 '엄마하장'을 준비하고 있어요. 이제 거기에 나오는 수익금도 지역에 몇 군데에 배분을 할 예정입니다.

면담자　　　　공방에서 많은 작업을 하시나 봅니다.

혜선 엄마　　예, 종류도 다양하고요, 도와주시는 선생님들도 많이 계세요. 거기서 저희가 이제 배운 것을, 솜씨가 그닥 좋지는 않지만,

저희가 배운 것을 이제 실력을 조금씩 늘려가면서 작품을 만들어서 '엄마하장'에서 판매를 하고 있어요. 그래도 처음 시작할 때보다는 솜씨들이 많이 늘었어요. 지역으로는 계속 찾아갈 거예요, 저희가. '엄마하장'을 크게는 안 해도 소규모로 이렇게, 안산 같은 데는 거의 다 저희가 찾아가거든요. 뭐 "이렇게 행사가 있다" 하면 플리 마켓 형태에도 다 찾아가고, 동에서 "어떤 행사가 있다" 그러면 저희가 또 '엄마공방'에서 [찾아가요]. '엄마[하]장'에서 버는 수익금을 배분도 하지만, 남은 거는 떡 같은 것을 해서 또 행사 때마다 찾아가서 어르신들에게 떡도 좀 드리고…, 안산에 있는 행사는 다 찾아가고 있습니다.

7
아이를 위해 더 나은 세상을

면담자　지금까지 드린 질문을 조금 종합하는 질문을 드리겠습니다. 지금까지 이렇게 활동을 다양하게 바쁘게 해오셨는데요, 이런 활동들을 지속적으로 할 수 있게 하는 원동력이랄까, 이유랄까, 그런 게 어떤 거라고 조금 말씀해 주시겠습니까?

혜선 엄마　그게 어떤 건지요?

면담자　예.

혜선 엄마　당연히 우리 아이죠. 당연히 우리 아이고, 떠난 아이고…. 그 아이한테 내가 진짜 엄마로서 잘해준 것도 있겠지만 못해준 것만 생각이 나거든요. 근데 제일 큰 마음은 내 아이한테 너무 미안해서 내가 움직이는 거고, 내 아이를 만났을 때 "너의 억울한 죽음은 이러이러해서 그 일이 발생을 했다"[라고] 정말 똑바로 말해주고 싶어서 하는 거고요. 더 나아가서는 남은 내 가족과 대한민국에 사는 모든 국민들이 (눈물을 글썽이며) 다시는 저[와] 같은 아픔을 겪지 않았으면 좋겠다는 그런 생각에서 움직이고 있습니다(침묵).

혜선이가 있을 때는 아침마다 학교를 가잖아요. 그럼 제가 10분 전쯤에 혜선이를 깨워요. 혜선이가 6시에 일어나면 5시 50분에 가서 미리, "혜선아, 10분 남았어" 그러면서 혜선이 이불 속으로 제가 들어가서 같이 자요, 10분을. 그러면 혜선이가 꼭 안아주거든요? 그 시간이 참사 이전에는 너무 행복했고 지금도 제일 그리운 시간인데, 그걸 더 이상 할 수가 없잖아요, 혜선이가 없으니까. 그런 일상을 누리지 못하게 한 게…, 제 잘못도 있는 것 같고, 그래서 혜선이에게 너무 미안하거든요. 제일 미안한 게 혜선이한테 미안한 거고…. (울먹이며) 그래서 더 멈출 수가 없는 것 같아요. 진상 규명을 향한 길은 멈출 수가 없는 것 같아요.

그 아이가 세상에 살았으면 친구들하고 얼마나 행복하게 살았을 건데, 그런 여생을 못 누리게 하고, 정말 추후에 아이가 있는 데 가도 아이를 똑바로 쳐다볼 수도 없을 것 같고…. 지금도 아이 방에 들어가도 정말 숨이 탁 막히고, 지금도 제가 혜선이 방을 빈방으로 만들고 싶지 않아서 밤이 되면은 날이 어두워지면 항상 불을 켜놔요. 혜선이가 어두운 곳에 있다가 정말 힘들게 갔잖아요? 그래서 정말 혜선이가 어두운 곳에 있지 않기를 바라는 마음으로 항상 혜선이 방에 불을 켜두고, 밤에도 혜선이 방에서 잠을 자요. 저는 지금도 내 아이가, 물론 현실에서는 떠났지만, 떠났다고 생각을 안 하고 혜선이랑 항상 같이 움직이고, 같이 숨을 쉬고, 같이 살아간다고 생각을 합니다. 그래야 제가 혜선이한테 미안한 마음을 조금이라도 덜 수 있을 것 같고, 내 숨이 붙어 있는 한은 진상 규명을 위해서 계속 싸울 거예요.

내가 지금 살아 있는 것도 혜선이한테 너무 미안하고, 살아 있다는 것 자체가 솔직히 미안하거든요. 그리고 제가 참사 이전에 자식을 먼저 보낸 부모를 알고 있었는데요. 그 부모를 생각할 때, 그때 제 마음으로도 '자식을 보내고 어떻게 살아가지' 그런 마음을 가졌었어요. 그분을 직접 보지는 못했지만 얘기를 들었으니까, 그런 생각을 하고 혜선이를 딱 보냈을 때 처음에는…, 정말 '[혜선이를] 따라가는 게 맞다'고 생각을 했어요. 말로만 "사랑한다, 억울하다, 분하다" 이런 게 아니라, '내 아이가 그렇게 정말 사랑스럽고, 사랑한다면은 먼저 간 아이를 따라가는 게 맞다'고 생각을 하고 (울먹이며) 정말 그렇게 행동을 옮기려고도 많이 생각을 했는데……. 그런 생각을 하면서…, 가족들도 그런 생각을 가지고 있었지만 저도 그런 생각들이 정말 강했었고….

그런데 가족들이 "우리 그렇게 가면 안 된다. 아이들이 왜 억울하게 갔는지는 알고 가야 되지 않느냐. 죽더라도 진상 규명은 하고 죽자" 서로 그렇게 다독이면서 힘든 시간을 버텼거든요. 그 시간이 헛되지 않게 끝까지 싸워야 한다고 생각을 해요. 저도 한 1년 동안은 정말 그런 생각들이 저를 누르고 있어서 정말 힘들었는데…. 〈비공개〉 그렇게 [안산으로] 올라와서 '정말 정리를 하자', 못 견뎌서…,

못 견디겠더라고요, 1년 정도 지날 때까지. '정리를 하자' 마음을 먹었는데 그게 참…, 혜선이가 [저보고] 오지 말라는 뜻인지, 가협에서 동거차도를 지켜야 된다[인양 감시 활동]는 그게 시작이 된 거예요. 제가 딱 일주일 있다가 올라왔는데, "가야 될 인원도 많아야 되고, 우리가 다 지켜야 되니까 반별로 돌아가야 된다" 그런 얘기를 들으니까 (한숨) 진짜 이대로 가면 너무 미안할 것 같은 거예요, 혜선이한테 가면. 그래서 동거차도 감시를 계기로 해서 또… 마음을 다시 한번 다잡고, [그래서] 아직까지 있는 거예요.

(울먹이며) 지금 이렇게 구술을 하는 이 순간도 솔직히 부끄럽다고 해야 되나? 모르겠어요. 저는 살아 있는 것 자체가 부끄러운 사람이라, 뭐 자식 보내놓고 무슨 할 말이 있으며, 제 귀에는 제가 이렇게 얘기를 하고 있어도 다 변명으로밖에 안 들려서……. 그래서 더 '부끄러움을 만회하기 위해서라도 진상 규명은 끝까지 돼야 된다'고 생각을 하고, 제가 '목숨이 붙어 있는 한은 계속 거기를[에] 동참해야 된다'고 생각을 해요. 그러면 '혜선이가 나를 조금이라도 용서해 주지 않을까…' 그런 생각을 하네요.

혜선이가 한번은 꿈에 나와서…, 정말 꿈에 안 나오거든요, 혜선이가. 고등학생으로는 딱 한 번 와서 그냥 얼굴만 보여주고 '저게 혜선이다. 저 아이가 혜선이다' 하[고 희미하게 알아볼 수 있는 정도로만 왔었는데, 어린아이로 항상 많이 오더라고요. 그때가 본인이 행복했는지 항상 어린아이로 와서. 그때는 제가 직장생활을 하면서 아이를 데리고 많이 놀러 다니고 그랬었거든요. 정말 본인한테는 행복했을 것 같아요. 그 모습으로 왔는데 머리가 다 빠져서 온 거예요, 아이가 꿈에서. 정말 수를 헤아려도 머리카락 수를 헤아릴 수 있겠더라고요. "혜선아, 너 머리가 왜 그래? 왜 이렇게 머리가 다 빠지고 머리가 왜 이렇게 됐어?" 하니까 혜선이가 하는 말이, "엄마, 스트레스를 너무 많이 받아가지고 머리가 다 빠졌어"라는 거예요, 그 어린아이가, 유치원생 모습이었는데. 그 꿈을 꾸고 난 뒤에 꿈에서 와서 저한테 말을 한 게 그게 딱 한마디 그거밖에 없거든요, "스트레스를 너무 많이 받아서 내 머리가 다 빠졌다"[라고]. 그 꿈을 꾸고 난 뒤에 제가 정말…, 제 소신껏 활동을 했지만, '정말 더 열심히 활동을 해야 되겠다. 아이가 얼마나 억울하고 분했으면 꿈에까지 와서 스트레스를 너무 많이 받았다고 할까' 그 생각을 하고 마음을 또 다잡는 계기가 됐고요. 멈출 수 없는 이유 중 하나가, 아이가 내 꿈에 왔던, 꿈에 와서 했던 그 얘기가 정말 머릿속에 남아 있어서 잊혀지지가 않고, 아이 아빠한테도 얘기를 못 했고, 여러 가지 이유가 있지만 그것도 이유 중에 하나가 됐어요.

그래도 '부모라면 누구나 진상 규명이 될 때까지 노력을 해야 된다'고 생각을 해요. 다 그렇게 잘하고 계시고, 부모님들도 각자의 위치에서 본인이 할 수 있는 일을 다 하고 계시잖아요. 저는 또 열심히 달리는 일을 할 수 있으니까 가협에서 하는 여러 가지 활동들[을] 다 열심히 하려고 생각을 하고 있습니다(침묵). 저희 큰아이도 그 이후에 조금 변했는데, 큰아이가 원래 되게 무뚝뚝해요, 혜선이가 있을 때는 큰아이는 있는지 없는지 분간이 안 갈 정도로, 정말. 큰아이가 사고 이후에는 주말마다 기숙사를 사용하고 있었거든요, 대학 다니면서. 집에 올 때마다 먹을 걸 사 와서 혜선이 책상 위에 올려주고,

뭐 저한테도 그렇게 살갑게 대하는 편은 아니었는데 제 얼굴도 이렇게 한번씩 쳐다보고, 제가 좀 우울하거나 울 것 같으면 안아서 등도 두드려주고…. '이 아이도 많이 변했구나' 하는 걸 많이 느끼거든요. 본인도 동생[의 일]이니까 아플 텐데 또 엄마가 더 아플 것 같으니까 그게 무뚝뚝하던 그 아이도 조금씩 변하게 되고요. 〈비공개〉

8
힘이 되어주시는 분들

면담자　　그동안에 여러 가지 힘드신 와중에 그래도 위안이 되는 점이 있었나요?

혜선 엄마　　솔직히 위안되는 건 없어요. 솔직하게 말하면 위안되는 건 없고, 어떤 걸로도 위안이 될 수가 없고…, 내 새끼가 내 옆에 없는데 어떤 게 위안이 되겠어요? 근데 저희가 활동하는 데 힘을 얻는다는 것, 많은 시민분들이 협조를 해주시고 관심을 가져주시고 우리가 힘들 때마다 찾아와서 힘내라고 해주시고, 그런 게 이제…. 저희가 지치고 쓰러질 때마다 와서 그렇게 같이 동조해 주시고 같이 활동해 주시고 하는 게 힘이 되는 거지, 솔직히 위안은 안 됩니다(침묵). 힘들 때마다 찾아와서 해주시는 게 다시 한번 힘을 얻는 그 정도지, 내 아이가 살아서 돌아오는 것 외에는 절대 위안은 없어요(침묵). 옆에 있는 큰 딸아이조차 제게 위안이 안 되는데, 어떤 게 위안이 되겠어요?

면담자　　　　지난번에 말씀하실 때 두통이 있다고 하셨죠.

혜선 엄마　　　그거는 그냥 그냥 지내고 있습니다. 아프면 참는 거죠. 진통제 먹어도 안 낫고 하니까 참고 있습니다. 항상 아픈 것도 아니고, 그냥 한 달에 몇 번 아픈 거니까, 늘 그렇게 아플 때마다 예전에는 혜선이가 물수건을 짜다가 머리에 얹어줬는데, 요즘은 아프면 큰아이가 그걸 대신해 주고 있어요. 큰아이도 혜선이가 간 뒤로는 많이 변했죠. 그 정도 아픈 거는 뭐… 혜선이 아픔에 비하면 아무것도 아니죠. 그리고 다 견디면서 살아갈 수 있어요, 진상 규명만 된다면. 우리 몸 아픈 거야 뭐 참으면서 살면 되니까 괜찮아요.

면담자　　　　병원에 가보시는 않으셨습니까?

혜선 엄마　　　진짜 내가 활동하는 데 불편하다 그런 걸 느끼면 병원에 가는데, 그냥 웬만큼 아파서는 뭐 치료받으러 잘 안 가요. 〈비공개〉 '이 정도 가지고 치료를 받나' 싶어서, 그냥 참고 견딜 수 있고 활동하는 데 지장 없고 그러니까 안 가고 있어요. 2014년 말 정도에 국회 농성 끝나고 그 무렵에는 정말 체력이 바닥이 돼서, 그때 진짜 딱 느끼기에는 못 일어날 것 같은 거예요, 체력이 너무 바닥이 나서. '한뎃잠을 너무 많이 자서 그런가? 이러다가는 진짜… 그냥 혜선이한테 가면 괜찮은데, 골골하다가는 그냥 식구들 고생만 시키고 진상 규명도 제대로 못 하고 그렇게 가면 안 되겠다' 싶어서, 활동에도 참여를 못 할 정도로 체력이 바닥이 나서 한의원에 가서 침도 맞고 잠깐 그렇게 했었어요. 그렇게 체력을 회복하고 그 뒤로는 병원을 잘 안 가죠.

면담자   장기적으로 봐서 몸 관리를 좀 하셔야 할 텐데요.

혜선 엄마   (웃으며) 그렇게 해야 되는데, 아직까지는 내 몸 관리
하는 건…, 의사분들 만나면 다 하시는 얘기가 "식단 조절하시고 운
동하셔야 됩니다" 이러는데 그게 지금 저희 감정 상태로는 도저히
할 수 없는 일이거든요. 밥 먹는 것조차 미안한 내가 식단 조절을 어
떻게 할 수 있겠어요? 내 몸 챙기자고 그렇게 할 수도 없고, 운동을
하려고 해도 그게 운동을 하고 싶은 맘이 생겨야 되는데…, 그런 게
전혀 생기지가 않아서…. 이번에 연구 목적으로 저희 가족들 건강검
진을 해줬는데 병이란 병은 다 생겼더라고요. 성인병이란 성인병은
다 생겼더라고요. 당뇨도 전 단계에 와 있고, 고혈압도 전 단계에 와
있고, 뭐 고지혈증 이런 것도 저기 되고, 콜레스테롤 심하고 뭐, 다
거의 뭐 안 좋은 상태로 있는데요. 식단 조절하고 운동하고 그러시
라고 하는데, 연구 목적이라 참여를 한 건데…, 그렇게 하라고 한다
고 해서 저희가 하는 사람들도 아니지만, 일단은 하고 싶은 생각이
전혀 안 들어요.

    뭐 몸이 점점 안 좋아지는 건 알겠지만, 그렇다고 하고 싶은 생
각이 안 드니까, 음…, '더 나빠지더라도 어쩔 수 없다'[라고 생각하고
있죠]. 뭐 활동 못 할 정도로 체력이 바닥나면 또 하겠죠. 그때 가서
치료도 받고 하겠지만, 아직까지는 운동하고 식단 조절하고…, 그렇
게 하고 싶지는 않아요. 정말 밥도, '배 안 고프게 하는 알약 하나만
있었으면 좋겠다' 그런 생각을 갖고 있거든요. '안 먹고 사는 알약 하
나 누가 만들었으면 좋겠다' 그런 마음으로 여태 살았는데, 집에 가
면 식구들 먹어야 하니까 해주기는 하지만 뭐 식단 조절까지는….

제 건강을 위해서는 아직까지 이런저런 일을 하고 싶지가 않아요(침묵). 혜선이가 도와주면 오래 버틸 수 있겠죠.

면담자 다른 어머님들도 별로 몸을 안 챙기실 것 같은데요.

혜선 엄마 예, 그거야 비슷비슷해요. 이번에 건강검진[을 하는데] 100가정이 참여했는데 전부 증상들이 비슷해요, 저하고. 그래도 전부 운동 안 하고 식단 조절 안 하고, 다 그렇게 있습니다. 하고 싶은 생각이 안 드니까 다들 그렇게 지내고 있어요. 그래도 정말 안 좋아지면 또 뭐 [할 수 없는 거죠]. 같이 격려해 가면서 해야겠지만, 아직까지는 버틸 만합니다.

면담자 의사분들이나 한의사분들이 의료지원 해주시는 건 없습니까?

혜선 엄마 저희가 이제 막 밖에 돌아다니니까 근육 같은 게 많이 뭉치잖아요. 초창기에 한의사분들도 많이 오시고 그랬는데, 지금은 마사지해 주시는 분들이 많이 와서, 기 체조 이런 거 하시는 분들이 몸도 풀어주시고 그러고요. 저희 안산에 보면은 세월호를 기점으로 해서 세월호를 도와주는 단체들이 많아요. 그런 데 가면 한의사분들도 많이 오세요. 그런 진료가 필요한 분들은, 가족분들은 거기 가서 진료도 받고 하시거든요. 약도 지어주시는 분들도 계시고, 한의사분들도 활동하시는 부모님들 힘들다고 지어주시는 분들도 계시고, 여러 분들[이] 많이 계세요. "진료받으러 오세요" 하시는 분들도 많은데 저희가 안 가서 그렇지 정말 많이 계세요. 정말 고맙죠. 저희가 그런 걸 다 갚고 살아야 하는데, 그런 날이 빨리 왔으면 좋겠어요. 그런 날이 오면 진상 규명도 어느 정도 됐다는 얘기니까, 그런 날이 왔으면 좋겠어요.

면담자   혹시 내년 활동 계획은 어떻게 잡혀 있나요?

혜선 엄마   일단 '엄마공방'은, '엄마하장'은 지금 열심히 준비하고 있고요, 장소는 여기서, 저희 분향소가 있으니까. 아이들이 있고 분향소가 있으니까 화랑유원지 내에서 '엄마하장'을 할 거고요. 다음에 기억저장소는 이제 단원고 교실을 안산교육지원청에 개방을 했잖아요, 옮겨서. 그래서 '기억과 약속의 길' 같은 프로그램도 있고요, 기억교실 탐방으로 이렇게 보러 오시는 분들[이] 계시니까 그 프로그램에 이제 참여하고 있고요. 거기서 오시는 분들께 잘 안내를 해서 우리 아이들이 어떤 삶을 살다 갔는지, 그리고 어떤 걸 밝혀야 하는지 이런 것들을 알리는 데에 힘을 보탤 예정이고요. 저희 가협에서는 또 내년에는 특별법 개정으로 많이 활동을 해야 할 것 같아요. 그리고 특조위가 해산이 되고 해서, 저희가 다 밝혀진 게 아니잖아요? "이제 다시 특별법을 제정을 해서 제2의 특조위를 만들었으면 한다" 그런 의견들이 있어서, 내년에는 특별법 제정에 대한 활동을 많이 할 것 같아요. 그런 계획을 갖고 있어요.

면담자   특별법 제정은 특조위를 다시 가동하기 위한 것이 주목적인가요?

혜선 엄마   그렇죠. '첫 번째 특별법보다 더욱 강력한 특별법을 만들어서 특조위 활동을 하게 하자' 그런 취지로 그렇게 했으면 해요. 지금 이제 가족들도 그런 생각을 가지고 있고, 가협에서도 준비를 하고 있는 걸로 알고 있거든요. 내년에 우리가 이제 많이 활동을 하고, 정부와 싸울 일이 있으면 싸우고, 힘닿는 데까지 열심히 활동을 하려고 생각을 하고 있습니다. 검찰 쪽에서도 다시 조사하는지는 모르겠는데 거기서도 좀 밝혀주면 좋은데, 얼만큼 밝혀줄지는 모르죠. 솔직히 검찰을 믿는 건 아니고, 뭐 '떠들다가, 살짝 언론플레이만 하다가 알맹이 없이 그렇게 끝나는 건 아닌가?' 그런 우려도 있고요. 특검에서도 좀 밝혀주면 나중에 특별법 제정이 돼서 특조위가 다시 만들어지면 그걸 토대로 해서 더 많은 내용을 알아냈으면 좋겠어요. 더 많은 진실이 밝혀지고 책임자도 처벌하고 그런 날이 왔으면 좋겠어요. 그런 날이 오겠죠.

면담자   어머님, 그동안 여러 가지 말씀을 많이 해주셨는데, 혹시 말씀 못 하신 내용이 더 있으실까요?

혜선 엄마   저도 물어봐 주시니까 대답을 하는 건데, 혼자 얘기하려고 하면 얘기를 못 하거든요, 생각도 안 나고 시간이 지나서. 이런 자리를 갖게 돼서 또 제가 기억하고 있는 한, 도움이 될지는 모르겠지만, 제가 이런 자리를 갖게 돼서 고맙고요. 우리 혜선이가 친구들하고 전화 통화를 할 때는 항상 전화 통화 끝날 때 친구들하고 하는 말이 있어요. "행복해야 돼" 그러고 끊어요, 전화를 항상. 그 얘기를 전화 통화할 때마다 들었거든요, 친구들하고 전화 통화 할 때마다. 이 아이들이 얼마나 밝고 참 명랑하게 살아갔었는지…, 아이들이 어두운 마음을 가지고 있으면 그런 말을 할 수는 없잖아요. 얼마나 밝고 활동적으로 살아갔는지, 역동적으로. 친구들이랑 정말 잘 지냈는데…, 그 말이 지금도 가슴에 탁 남아 있거든요.

혜선이 전화기는 안 돌아왔지만, 혜선이 전화기를 제가 쓰던 걸 해서 마련을 해놨는데, 그걸 볼 때마다 그 단어가 떠오르는 거예요, "행복해야 돼". 제가 [혜선이가] 전화 끝나고 나면 "행복해야 돼? 친구들이랑 그런 말을 주고받아?" 그러면 "그럼 행복해야지, 엄마" 항상 그랬거든요. 그니까 우리 혜선이 말처럼 이 땅에 살아가는 모든 분들이 행복했으면 좋겠고요. 또 제가 이렇게 구술증언을 한 이 내용을 읽는 모든 분들도 행복하게 사셨으면 좋겠어요. 저희 같은, 저 같은 이런 억울하고 분한 일[을] 당하지 마시고, 이런 고통 겪지 마시고 행복하게 사셨으면 좋겠습니다. 대한민국에 다시는 이런 참사가 안 일어났으면 좋겠어요. 우리 혜선이도 모든 분들이 행복하게 사실 수 있도록 많이 하늘에서 많이 도와줄 거라고 생각을 해요. 대한민국의 모든 분들이 행복하게 사시길 바랍니다.

9
마무리

면담자   쉽지 않은 질문들에 대해서 이렇게 답해주셔서 너무 고맙습니다. 어려운 이야기들을 해주시느라 되게 힘드셨을 것 같은데, 그래도 용기를 내주셔서 너무 고맙습니다. 저도 면담하면서 많이 배웠고요. 감사합니다.

혜선 엄마   (웃으며) 저희가 더 고맙죠, 이렇게 도와주시니까. 진짜 5년이 지나고 10년이 지나면 저희 기억도 희미해질 텐데, 이렇게 잊지 않았을 시기에 이렇게 [기억나는 것을] 남겨놓는 것도 괜찮을 거라고 생각을 해요. 예전에는 너무 힘들 것 같아서 거절을 했는데, 또 용기를 내서 했으니까 조금이나 도움이 됐으면 좋겠습니다.

면담자   말씀하시는 대로 중요한 역사적 자료가 될 거라고 생각을 합니다. 앞으로 이렇게 많은 사람들이 이런 일들이 다시는 안 일어나도록 이런 증언을 통해서 생각을 바꾸고 행동을 바꾸고 그런 일들이 일어날 거라고 생각을 합니다.

혜선 엄마   정말 대한민국의 모든 분들이, 많은 분들이 정말 사회에 관심을 가져주셨으면 좋겠어요. 저처럼 그렇게 어리석게 살지 말고 사회문제 하나하나에 관심을 갖고, '모든 국민들이 관심을 가지면 정부가 조금은 바뀌지 않을까? 공무원들이, 국회의원들이 조금은 바뀌지 않을까?' 생각을 해요. 국민 무서운 줄 아는 정부, 국회의원들이 될 수 있도록 국민들이 많이 관심[을] 가져주셨으면 좋겠습니다.

면담자   예. 알겠습니다, 어머니. 그동안 수고 많으셨습니다.

혜선 엄마   예, 수고하셨습니다.

4·16구술증언록 단원고 2학년 9반 제3권

그날을 말하다 혜선 엄마 성시경

ⓒ 4·16기억저장소, 2020

기획 편집 4·16기억저장소 ㅣ **지원 협조** (사)4·16세월호참사가족협의회
펴낸이 김종수 ㅣ **펴낸곳** 한울엠플러스(주)
초판 1쇄 인쇄 2020년 4월 1일 ㅣ **초판 1쇄 발행** 2020년 4월 16일
주소 10881 경기도 파주시 광인사길 153 한울시소빌딩 3층
전화 031-955-0655 ㅣ **팩스** 031-955-0656 ㅣ **홈페이지** www.hanulmplus.kr
등록번호 제406-2015-000143호

Printed in Korea.
ISBN 978-89-460-6779-0 04300
          978-89-460-6801-8 (세트)
* 책값은 겉표지에 표시되어 있습니다.